天下文化
BELIEVE IN READING

一如既往

Same as Ever

A Guide to What Never Changes

MORGAN HOUSEL

摩根・豪瑟——著

周宜芳——譯

目錄

各界推薦

許多人不斷追逐層出不窮的新現象，卻沒看懂其背後的道理，只能不停的摸索前進。《一如既往》讓你看懂花花萬象的基本原理，以穩定的心性，面對人生的各種挑戰。

——綠角，財經作家

《一如既往》這本書中，告訴我們投資世界中的變與不變。即使世界不斷改變，但恆久的原則仍然不變。

——雷浩斯，價值投資者／財經作家

想要理解這個變動的世界嗎？就從恆常不變的事物開始。這項令人讚嘆的結論，來自摩根・豪瑟這本引人入勝、實用而逸趣橫生的著作。

——亞瑟・布魯克斯（Arthur C. Brooks）
哈佛甘迺迪學院與哈佛商學院教授、《紐約時報》暢銷冠軍書作者摩根・豪瑟再次完成一本精采著作。本書充滿智慧與風趣。關於金錢、生活、故事的力量、抱負與滿足感，豪瑟巧妙的挑選完美而難忘的故事，鮮明刻畫出一個個歷久彌新的課題。這本精簡的小書容納了一整座圖書館的智慧。

——德瑞克・湯普森（Derek Thompson），《大西洋月刊》（*The Atlantic*）

本書鞭辟入裡而發人深省，拿起來一讀就幾乎無法放下，而且內容都相當重要。豪瑟解釋，我們的命運多半取決於隨機、看似懸於一線的事物，然而，其中也有歷經好幾個世紀也不曾改變的普世真理。豪瑟為我們指出如何找到那些真理。

——貝瑟妮・麥克林恩（Bethany McLean），暢銷書作家

來自一位說故事高手的真知灼見，深具扭轉生活的力量。

——萊恩・霍利得（Ryan Holiday），《駕馭沉靜》、《滾動內容複利》作者

想要把歷史的後見之明轉化為現時的先見之明，本書是必讀之作。

——夏恩・派瑞許（Shane Parrish），Farnam Street 創辦人、《思考的框架》作者

獻給理智的樂觀主義者

我們的生活的確一如既往……數十萬年都相同的生理與心理運作過程，如今依然沒有改變。

——卡爾·榮格（Carl Jung）[1]

各個年代的智者說的話都一樣，而占人群大多數的愚者，也同樣以他們自成一格的方式採取行動，只不過愚者做的和智者說的完全相反。

——阿圖爾·叔本華（Arthur Schopenhauer）[2]

歷史從來不會重演，而人總是重蹈覆轍。

——伏爾泰（Voltaire）

我學到一項發展先見之明的重要技能，就是要先練習後見之明。

——珍·麥可尼格爾（Jane McGonigal）[3]

逝者比生者的人數多更多，兩者比例達十四比一，而我們卻忽視這麼一大群人的集體經驗，就得自負後果。

——尼爾·佛格森（Niall Ferguson）[4]

前言
生活小法則

有一次，我與某個和華倫．巴菲特（Warren Buffett）相熟的人一起吃午餐。這個人我們姑且叫他「吉姆」。在二〇〇九年尾聲，他和巴菲特開著車在內布拉斯加州（Nebraska）的奧馬哈市（Omaha）兜轉。當時全球經濟萎靡不振，奧馬哈市也不例外。商店關門大吉，企業倒閉破產。

吉姆對巴菲特說：「現在時機這麼壞，經濟是要怎麼重振啊？」

巴菲特反問：「吉姆，你知道一九六二年賣得最好的糖果棒是什麼嗎？」

「不知道，」吉姆說。

「士力架（Snickers），」巴菲特再問：「那你知道今天賣得最好的糖果棒是什麼嗎？」

「不知道，」吉姆說。

「士力架，」巴菲特說。

然後兩人陷入一陣沉默，對話就此結束。

本書是一本短篇故事集，討論的是在這個變動無常的世界當中，恆常不變的那些道理。

歷史充滿沒有人預料得到的驚奇，卻也充滿許多永恆的智慧。

如果你穿越時空到五百年前或是五百年後，會看見科技與醫學的變化之大，讓你瞠目結舌；地緣政治秩序超乎你的理解；你聽到的可能是完全陌生的語言與方言。

不過，你會看見人們被貪婪所迷惑、被恐懼所支配，他們的行為和當今世人的行為如出一轍。

你會看到人們屈服於風險、嫉妒與派系關係，過程與場面你都相當熟悉。

你會看到過度自信與短視近利，讓你想起今日人們的行為。

你會發現人們試圖尋求幸福生活的祕密，而且在確定性完全不可能存在的時候，想方設法尋找確定性。

當你踏進陌生的世界，觀察人們的行為片刻之後會說：「啊，我見過這樣的事。一如既往。」

變化既驚奇又刺激，因而吸引我們的注意力。但是，從來不曾改變的行為才是歷史最有力的教訓，因為它們預告未來的景象，映照出你的未來，以及**每一個人的未來**。無論你是誰、從哪裡來，無論你幾歲、賺多少錢，人類行為都蘊藏著歷久彌新的教訓，而這是你所能學到最重要的事物。

這個觀念再簡單不過，卻容易遭到忽略。一旦你掌握住它，就能更加洞悉自己的生活、理解世界為什麼是這個樣貌，也更能自在的面對未來。

亞馬遜創辦人傑夫・貝佐斯（Jeff Bezos）曾說，經常有人問他，未來十年有什麼事會改變。「幾乎沒有人問過我『未來十年有什麼事不會改變？』」他說：「我要告訴你的是，第二個問題其實比第一個問題還要重要。」[1]

永遠不會改變的事物很重要，因為你可以滿懷信心的知道它們會如何形塑未來。貝佐斯表示，你無法想像未來的亞馬遜顧客會不想要低價產品、不想要快速到貨，因此他可以砸下重金，投資在這些事物上。

同樣的哲理幾乎適用於生活中所有的層面。

我不知道明年（或是任何一年）的股市績效如何。不過，我深信，人們會受到貪婪與恐懼的驅使，這一點永遠不會改變。因此，我會花時間深思這個問題。

我不知道誰會贏得下一次總統大選，但是我有把握，人們對派系認同的依附會影響他們的思維。這樣的思維方式和一千年前一樣，一千年後也依然會是如此。

我無法告訴你哪些企業會在未來十年叱吒風雲。不過我可以告訴你，企業領導者會如何被成功沖昏頭後變得怠惰、自以為是，最終失去優勢。這樣的故事數百年來不曾改變，未來也永遠不會改變。

幾個世紀以來，哲學家都在討論一個觀念，那就是你的生活有無限的可能，而你只是剛好活在其中一個版本裡。仔細思考這件事，你會覺得難以置信，而且勢必要提出這個問題：除了你生活的這個版本，在你所能想像得到的各個版本當中，有哪些共通的真理。那些普世真理不是取決於機會、運氣或意外，因此顯然最值得我們關注。

創業家暨投資人納瓦爾．拉維肯（Naval Ravikant）的說法是：「在一千個平行宇宙裡，你想要在其中的九百九十九個都很富有。你不要只在五十個宇宙裡因為好運而富有，所以要排除運氣的因素。……如果我的人生重複一千次，那麼我想要納瓦爾這個人成功九百九十九次。」[2]

那就是本書的重點：在這一千個平行宇宙裡，走遍每一個宇宙都是真理的事物是什麼？

接下來的二十三章都可以各自獨立閱讀，你可以隨意跳著讀、挑著讀，都沒關係。每一章的共同點就是，我相信這些主題在數百年後還是會像它們在數百年前一樣，對我們攸關重大。

每一章的篇幅都不長，希望你喜歡這樣的安排。許多內容都取材自我在協和基金（Collaborative Fund）的部落格文章，寫作的主題是金錢、歷史與心理學的交集互動。

第一章要說的是我人生中最驚險的一天，並且從這則個人故事看看這個世界是多麼脆弱。

1

千鈞一髮

鑑往者都明白，來者不可知。

我們從歷史中體認的重要教訓之一，就是理解世界上有多少事物都是千鈞一髮。歷史上一些最重大、影響最深遠的變動之所以發生，都源自某個隨機、無法預見、漫不經心的際遇或決定所創造出來的妙局或亂局。

作家提姆・厄本（Tim Urban）曾經寫道：「如果你回到投胎出世之前，你會怕到什麼事都不敢做。因為你知道，即使是當下最輕微的動作，也會對未來產生重大影響。」[1]

這話真實到令人玩味不盡。

容我講一段親身經歷的故事，說明我是如何對這個主題產生興趣。

——

我是在太浩湖（Tahoe Lake）比賽滑雪長大的。我曾是斯闊谷滑雪隊（Squaw Valley Ski Team）成員，這個身分成為我長達十年歲月的生活重心。

我們的滑雪隊有十幾名選手。二〇〇〇年代初期的我們還是青少年，大部分人都認識彼此許久。我們走遍全世界任何一個有雪的地方，一年有十個月、一週有六天都在滑雪。

我和多數隊友都不親近，因為我們相處的時間太長，經常打打鬧鬧。不過，有三個人和我變成形影不離的好朋友。現在要講的就是其中兩個人的故事，他們是布蘭登・艾倫（Brendan Allan）與布萊恩・李奇蒙（Bryan Richmond）。

二〇〇一年二月十五日，我們剛結束科羅拉多州（Colorado）的比賽要返家，但是太浩湖遇到強烈暴風雪襲擊，回程班機因而延誤；即使以太浩湖地區的標準來衡量，這場風雪也屬於強烈等級。

有新雪覆蓋的雪地不能用來進行滑雪賽事，滑雪競賽需要堅硬厚實的冰層。訓練因此取消，而布蘭登、布萊恩與我準備這一週要做我們所謂的「自由滑雪」，也就是隨便閒晃、到處滑雪、好好玩個痛快。

那個月早些時候，嚴寒的冷空氣為太浩湖帶來幾英尺的蓬鬆積雪。而二月中旬來襲的風暴不一樣，那場暴風雪比較溫暖，溫度勉強到達冰點、規模又大，留下三英尺（約九十公分）的厚重濕雪。

我們當時沒有想到，蓬鬆雪層上積壓了厚重的大雪，兩者相加正好是雪崩的標準要件。下層蓬鬆、上層厚重的雪層構造非常脆弱，很容易滑動。

滑雪場是保護顧客避免雪崩危害的專家，他們採用的方法是關閉最危險的滑雪道，還有趁著早晨的滑雪客還沒到達，在前一天深夜刻意用炸藥先引發雪崩。

但是，如果滑雪客擅自越界，像是屈身低頭穿過「禁止穿越」警戒線，滑進無人的禁區，保護措施也幫不上忙。

二〇〇一年二月二十一日早上，布蘭登、布萊恩與我在斯闊谷滑雪隊更衣室碰面，就像我們之前約見面的數百次場景一樣。布萊恩那天早上出門前最後一句話是：「媽，別擔心，我不會越界。」

可是，我們的雪鞋一扣上滑雪板，就往禁區滑去。

——

當年的斯闊谷背側現在稱為太浩絕壁（Palisades Tahoe），就位於KT－22纜車後方，是一條長約一英里（約一．六公里）的走廊，分隔斯闊谷與高山草原（Alpine Meadows）滑雪勝地。

這是一個令人讚嘆的滑雪地點，陡峭又開闊，地勢綿延起伏。

在二月二十一日前，我大概只去那裡滑過十來次。那不是我們常去的地點，因為回程要花很多時間。它最後通往一條偏僻的山間小徑，我們得搭便車回到更衣室。

那天早上，布蘭登、布萊恩與我決定去那裡滑雪。

我記得自己屈身低頭穿越警戒線後沒幾秒，就捲入一場雪崩。

我從來沒有經歷過雪崩，不過那次經驗令人難忘。我沒有聽見雪滑動的聲音，也沒有看見雪滑動的樣子，只是突然意識到我的滑雪板下方沒有著地，我名副其實的飄浮在雲朵般的雪堆上。這些情況由不得你控制，是雪推著你走，而不是你推著滑板利用雪面的摩擦力前進。你只能盡量保持平衡，維持直立。

那場雪崩的規模很小，結束得也很快。

「你看到那場雪崩了嗎？」還記得我在我們回到路面上時這麼說。

「哈哈，那真是棒呆了，」布蘭登說。

後來搭著便車一路回到更衣室，我們都沒有再多說什麼。

——

我們回到斯闊谷時，布蘭登與布萊恩說他們想再去一次背側滑雪。

不知道為什麼，可是我就是不想去。

不過我有個主意。布蘭登與布萊恩還是可以再去背側滑雪，而我就開車到附近去接他們，這樣他們就不必攔車回來。

我們同意這項計畫，然後分頭進行。

三十分鐘後，我按照計畫，開車到終點的偏僻小路，要接布蘭登與布萊恩回來。

他們不在那裡。

我又等了三十分鐘，然後放棄。滑雪下來大概只要一分鐘，所以我知道他們不會出現。我猜想他們在我到達之前早就滑下來，而且已經搭便車回去了。

我開車回到更衣室，想說會碰到他們，但更衣室也沒有他們的人影。我四處打聽，沒有人看見他們。

那天稍晚，大約下午四點左右，布萊恩的媽媽打電話到我家找我。我記得她說的每一個字。

「嗨，摩根，布萊恩今天沒有去打工。你知道他在哪裡嗎？」她問道。

我對她實話實說。「今天早上我們去KT－22背側滑雪。他與布蘭登去滑第二次，我打算到路上接他們，但是他們不在那裡，之後我就沒有見過他們了。」

「我的天啊，」她說。電話「喀」一聲掛斷。

布萊恩的媽媽自己就是專業滑雪好手，我想在那一刻，她就已經拼湊出可能發生了什麼事。我也是。

時間一分一秒流逝，每一個人都開始擔心。

最後有人打電話給警察申報失蹤人口。警察沒有很認真看待這件事，認為布蘭登與布萊恩很有可能偷偷溜去哪個派對玩。

我知道警察的看法不對。「他們的鞋子就在那裡，」我指著布蘭登與布萊恩留在更衣室地板上的運動鞋說：「那表示他們腳上還穿著雪鞋。而且，現在是晚上九點。大家想想，晚上九點了，他們還穿著雪鞋。」那一刻，大家才開始環顧周遭，發覺事態有多嚴重。

到了大約十點，有人要我去斯闊谷消防局（Squaw Valley Fire Department）和當地的搜救小組會合。

我說明布蘭登、布萊恩與我那天所做的每一件事。搜救小組攤開巨大的照片地圖（照片想必是從直升機上拍攝）。我指出我們進入禁區的確切入口。

我告訴他們那天早上發生的小雪崩。我一提到這件事，彷彿可以看到所有線索在搜救人員的腦海中串接起來。還記得我講完的時候，有兩名搜救人員對視，嘆了一口氣。

搜救人員帶著大型泛光燈與一隊搜救犬，在大半夜出動尋找布蘭登與布萊恩。

我後來得知，搜救隊一進入我說我們穿越過的禁區，就發現新的雪崩殘跡。雪崩的範圍很大，一名搜救隊員說：「就好像半個山頭被劈掉一樣。」

我大約在午夜時分開車回到更衣室。那個時候，可以容納數千輛車的斯闊谷停車場幾乎一片空盪盪。每個人都回家了，只有兩輛車孤零零的並排停著：布蘭登的吉普車與布萊恩的雪佛蘭皮卡車。

——

我試著在更衣室的長凳上小睡，但是沒辦法闔眼。還記得我當時想著，布蘭登與布萊恩會蹦蹦跳跳從門外進來，然後我們會為了我居然報警找他們而哄堂大笑。

到了早上九點，更衣室擠滿其他滑雪隊友、父母、朋友與家人，全都急著要幫忙。這裡成為搜救行動的待命區。

我在長凳上躺下來，這一次終於入睡。

幾分鐘後，我被一聲尖叫、呼喊與一陣騷動驚醒。

不必任何人明說，我也知道發生了什麼事。

我走到更衣室二樓，看到布萊恩的媽媽在沙發上。那是她的尖叫聲。

「我真的很抱歉，」我放聲痛哭對她說。

那樣的時刻難以形容。我當下不知道該說什麼，現在也不知道該說什麼。

搜救犬在雪崩區域鎖定一處，搜救人員用探測設備找到埋在雪深六英尺（約一・八公尺）處的布蘭登與布萊恩。

他們的生日只差一天，喪生的地點僅距離十英尺。

——

那天稍晚我開車去我爸工作的地方找他，因為我想要待在家人身邊。他和我在停車場碰面時說：「我從來沒有像現在這樣開心能見到你。」這是我人生中唯一一次看到他落淚。

我直到那一刻才意識到，就差那麼一點，我就會跟著布蘭登與布萊恩共赴這個命運的劫數。

然後我開始思索：那天早上，我為什麼和他們一起到背側滑了一次，然後卻拒絕去滑第二次？幾乎就是這個決定救了我的命。

這個問題我想過一百萬遍。我沒有答案。

我真的沒有答案。

我沒辦法解釋。

我當時並沒有深思熟慮，沒有計算風險，沒有徵詢專家的意見，也沒有權衡利弊優劣。

我人生中最重要的決定完全出於僥倖；這個決定遠比我曾經做過、或未來要做的每個深思熟慮的決定都來得重要，卻完全出自一絲偶然而未經思索的好運氣。

以上是我的親身經歷，或許你的人生當中也有類似的故事。不過，如果你回顧歷史，我想你會找到許多一樣的故事。

以下我就舉三個奇特的例子，來說明今日世界的態勢，竟然取決於你從來不曾想過的幾件芝麻綠豆大的事。

———

喬治・華盛頓（George Washington）的一萬大軍在長島會戰（Battle of Long Island）中慘敗，遭到英軍與他們的四百艘軍艦擊潰。

但是，這場戰役本來可能會更慘烈，甚至成為結束美國獨立戰爭（Revolutionary

War）的最後一仗。

當時，英軍只要沿東河（East River）而上，已經被逼到絕境的華盛頓軍隊就會全軍覆沒。

但是歷史沒有這樣上演，因為風向不對，英軍無法溯河而上。

歷史學家大衛・麥卡勒（David McCullough）曾經告訴訪談他的查理・羅斯（Charlie Rose）：「如果（一七七六年）八月二十八日夜晚，風往另一個方向吹，我想一切都會結束。」[2]

「如果是那樣，就不會有美國？」羅斯問道。

「我認為不會有，」麥卡勒說。

「就因為風向，歷史改變了？」羅斯問。

「千真萬確，」麥卡勒說。

——

為了節省成本，威廉・透納船長（Captain William Turner）在從紐約航向利物浦（Liverpool）的行程中，關閉他的巨型蒸汽輪船的第四號鍋爐。[3] 這項決定會讓航程多出一天，雖然討厭，但為了省錢還是值得，因為客輪產業正在艱苦經營中求生。

他或任何人都不知道，這項決定有多致命。

航程延誤就代表，透納船長的盧西塔尼亞號（Lusitania），現在會直接駛進德國潛艇的航道。

盧西塔尼亞號被魚雷擊中，造成將近一千兩百名乘客喪生，而這起事件變成最重要的導火線，凝聚美國民意支持參加第一次世界大戰。

要是四號鍋爐照常運作，透納就會提早一天抵達利物浦，那時德國潛艇還沒有進入凱爾特海（Celtic Sea），也就不會在那裡和盧西塔尼亞號的航線交會。這艘船可能可以躲過攻擊；這個國家也可能避開這場為整個二十世紀後續發展埋下種子的戰爭。

——

朱賽佩．贊加拉（Giuseppe Zangara）身材瘦小，身高不滿五英尺（約一五二公分）。一九三三年，他站在一場邁阿密政治集會會場外的椅子上，因為只有這樣做，他的槍才能越過人群，瞄準目標。

贊加拉開了五槍。[4]其中一槍擊中芝加哥市長安東．瑟馬克（Anton Cermak），他正在和贊加拉瞄準的目標握手。瑟馬克因此死亡。至於他的目標，也就是富蘭克林・德拉諾・羅斯福（Franklin Delano Roosevelt），兩週後宣誓就職，成為美國總統。[5]

羅斯福上任幾個月內推動新政，改變美國經濟。贊加拉的暗殺行動要是成功，對大部分新政赤字支出都持反對立場的約翰・南斯・加納（John Nance Garner）就會成為美國總統。他絕對不會頒布許多新政的政策，而其中有一些仍然影響當今的經濟。

這樣的故事講也講不完。只要一些微不足道的小事轉個方向，每件大事都可能走向截然不同的結果。

世界上有太多事情都在千鈞一髮之間。

研究歷史的一個諷刺之處在於，我們經常確切知道事件的結局如何，卻不知道它的開端何在。

舉個例子：導致二〇〇八年金融危機的原因是什麼？

這個嘛，你必須理解抵押貸款市場。

抵押貸款市場是怎麼形成的？哦，那你必須理解在此之前三十年降息的狀況。

降息的原因是什麼？呃，那你必須理解一九七〇年代的通貨膨脹。引發通貨膨脹的原因是什麼？這個嘛，那你必須理解一九七〇年代的貨幣制度，以及越戰的後遺症。越戰爆發的原因是什麼？這樣說吧，你必須理解西方世界在第二次世界大戰之後對共產主義的恐懼……依此類推，永遠問不完。

——

當前的事件無論大小，每一件事都有父母、祖父母、曾祖父母、手足與堂表親。忽視那張族譜可能會矇蔽你對事件的理解，讓你對事件的成因、可能的持續期間，以及事件在什麼情況下可能再次發生，產生錯誤的想法。從預測未來為什麼這麼困難，到政治為什麼如此險惡，所有問題都是源於人們單獨只看事件，而不去爬梳它長遠的根源。

大家都喜歡說：「鑑往知來。」但是，更實際的想法是承認：鑑往者都明白，來者實不可知。事件會以難以理解的方式組合而成。

在這個如此容易受到機遇與意外左右的世界，我努力記住兩件事。

第一件事是特別注意本書的前提，也就是根據人的行為方式做預測，而不是根據特定事件做預測。我們無從預測世界五十年後的樣貌。不過我敢預測，人們仍然會對貪婪、恐懼、機會、剝削、風險、不確定性、派系與社會說服（social persuasion）*有同樣的反應。

預測事件之所以困難，原因在於我們很容易跳過「然後呢？」這個問題。「汽油價格上漲會導致大眾少開車」，這句話看似合乎邏輯。

但是，然後呢？

這個嘛，大家還是需要開車，所以或許會尋找更省油的車輛。民眾會向政治人物抱怨，政治人物就會提供購買省油車輛的減稅優惠。石油輸出國家組織（OPEC）會被要求鑽探更多石油；能源創業家會創新。而石油業只有兩種運作節奏：繁榮與蕭條。所以他們可能產油過量。接著油價下跌，而人們擁有更節能的車輛。然後，郊區或許會變得更受歡迎，到頭來人們反倒比以前更常開車。

誰知道。

每起事件都會產生自己的後果，以獨具一格的方式影響世界。預測因此變得極為困

* 編注：指經由鼓勵與支持，讓人相信自己具備某種能力。

難。看到過去因果關聯的荒謬，你在預測未來的因果關聯時應該會保留幾分。

我銘記的第二件事就是，要有更廣闊的想像力。無論今天的世界長什麼樣子，以及今天看起來再怎麼顯而易見的事情，明天都可能因為一些沒有人想到的小事故而改變。事件就像金錢，都有複利效應。複利效應的核心特質就是，事物起於細微，能發展到多麼龐大，從來不符合直覺。

接下來，我要告訴你另一則老故事，說明人有多麼容易忽略風險。

2

風險就是你沒預料到的事

我們非常擅於預測未來，只是不擅於預測意外，
而後者往往是最重要的關鍵。

大家都知道，我們不擅於預測未來。但是這個說法遺漏一項重要的細節：我們非常擅於預測未來，只是不擅於預測意外，而後者往往是最重要的關鍵。

沒有人預料到的事永遠是最大的風險，因為沒有人預料到，所以沒有人為此做準備；因為沒有人為此做準備，等到它出現時，損害就會擴大。

以下這則小故事講的就是有一個人付出慘痛的代價而學到這一課。

——

美國國家航空暨太空總署（NASA）的太空人在搭火箭上太空之前，會用高空熱氣球做測試。

一九六一年五月四日，美國人維克多・普拉瑟（Victor Prather）與一名飛行員乘坐熱氣球升空，飛行高度達十一萬三千七百二十英尺（約三十四・七公里），盡可能接近外太空。這次飛行的目標是測試NASA的新太空衣。

這趟飛行很成功，新太空衣的功能很完美。

返回地表途中，當熱氣球降到他們可以自然呼吸的高度時，普拉瑟打開頭盔的面罩，顯然是想呼吸一些新鮮空氣。[1]

他按照計畫降落在海面，等待直升機來接他。但是後來發生一起小事故：普拉瑟在搭上直升機的救援繩時出了差錯，掉進海裡。[2]

這種事本來沒什麼大不了，因為太空衣本來就應該有防水與浮水功能，所以救援直升機上也沒有人為此驚慌。

但是，因為普拉瑟打開面罩，太空衣的防護功能就破了功。海水灌進太空衣，普拉瑟就這樣溺斃。

想想看，要把一個人送進太空需要擬定多少計畫。其中牽涉那麼多專業知識，那麼多突發事件；要預做那麼多設想，要制訂那麼多對策；每項細節都經過幾千名專家深思熟慮。NASA可能是有史以來最講究計畫的組織；登陸月球不能靠禱告與樂觀思考。每一種想得到的風險都備有A計畫、B計畫、C計畫。

但是，儘管做再多計畫，一件沒有人思慮到的小事就引來大災難。

一如財務顧問卡爾．理查茲（Carl Richards）所言：「扣除你認為自己已經考慮過的一切事物之後，剩下的就是風險。」[3]

這就是風險的真義，當你為自己想像得到的風險做好準備，在此之外的東西才是真正的風險。

風險就是你沒預料到的事。

——

看看那些影響大局的新聞報導，例如新冠肺炎、九一一事件、珍珠港事件、經濟大蕭條。它們的共同特質不見得是來得轟轟烈烈，而是來得意外，直到它們發生的那一刻之前，幾乎沒有人注意到它們。

「盛極必衰」幾乎等於經濟鐵則。攤開歷史，在繁榮的一九二〇年代、一九九〇年代晚期以及二〇〇〇年代初期的榮景之後發生的災難，似乎都顯而易見。也看似不可避免。

一九二九年十月正值歷史上最瘋狂的股市泡沫攀上巔峰之際，同時也是經濟大蕭條的前夕，經濟學家艾爾文・費雪（Irving Fisher）公開說出「股價已經達到看似永恆不墜的高原」[4]這句名言。

我們今天再看這些評論時會發笑。那麼絕頂聰明的一個人，怎麼會沒看到一件如此必然發生的事？如果你相信「榮景愈瘋狂、蕭條愈嚴重」這條規則，那麼大蕭條的來臨想必顯而易見。

不過費雪就是那樣一個聰明人，而且他不是唯一一個這樣想的聰明人。

我在幾年前的一次訪談中，向研究經濟泡沫而獲得諾貝爾獎的羅伯特・席勒（Robert Shiller）請教經濟大蕭條發生的必然性。他答道：

> 沒有人預測到。沒有，一個也沒有。當然，有人說股價過高。但是如果你檢視他們說的話，他們的意思是經濟大蕭條即將到來嗎？會有長達十年的經濟大蕭條？沒有人那麼說。
>
> 我曾經問過經濟歷史學家，請他們指出誰預測過經濟大蕭條的來臨，答案是一個人也沒有。[5]

那些話深印在我的腦海裡。我們今天受惠於後見之明才知道，在咆哮的一九二〇年代之後，大崩盤的發生是這麼顯而易見而且不可避免。但是從那些活在那個時期的人看來，卻完全不是那麼一回事；對他們來說，一九三〇年代是還沒有顯現的未來。

對於那些看似必然、但當時的人沒有預見的事，可以用兩種原因解釋：

- 過去每個人都被幻象矇蔽。
- 或是，現在每個人都被後見之明所愚弄。

我們都執迷的認為原因完全出於前者，和後者一點關係也沒有。

我敬仰的《經濟學人》雜誌（*The Economist*）每年一月都會發布特刊，預測未來一年的重要趨勢。二〇二〇年一月的特刊沒有和新冠肺炎（COVID-19）有關的隻字片語。二〇二二年一月的特刊也沒有隻字片語談到俄羅斯會入侵烏克蘭。

我這樣說並不是在批判，畢竟在特刊出版之前數個月的企畫期間，不可能有人知道這兩起事件會發生。

但是，這就是重點：最重大的新聞、最重大的風險、影響最深遠的事件，總是你永遠無法預料到的事。

換個說法：經濟狀況的不確定性罕有增減；變動的是人們對潛在風險的無知程度。詢問「最大的風險是什麼？」就像是在問「你預期會發生什麼意外？」。你如果知道最大的風險是什麼，就會有所因應，而因應措施會降低風險。想像力到不了的地方，就是危險事物所在的地方，這就是為什麼我們永遠無法駕馭風險。

我可以向你保證，這是從今而後都不會改變的道理。未來十年最大的風險與最重要的新聞，都會是今天沒有人在談的事情。無論你在哪一年讀這本書，這都是顛撲不破的真理。我之所以能夠把話說得那樣自信滿滿，是因為事實正是如此。風險之所以是風險，正是因為你無法預料。

即使是像經濟大蕭條這樣重大的事件，當它成為現實之時，還是有許多人渾然不覺。

我們今天所說的經濟大蕭條是在一九二九年開始。但是，一九三〇年時，有一項針對見多識廣的國家經濟聯會（National Economic League）成員所做的調查顯示，他們認為當時美國最重大的問題，[6]按重要性排列依序為：

一、司法
二、禁酒令
三、不守法
四、犯罪
五、執法

六、世界和平

而排在第十八位的是……失業。

一年之後，在一九三一年，也就是我們現在所認為的經濟大蕭條歷經整整兩年之時，失業的排名上升到第四位，在禁酒令、司法與執法之後。

這就是經濟大蕭條如此可怕的原因：因為沒有人預料到這件事，所以沒有人為它做準備。無論是在經濟面上想辦法償還債務，或是在精神面上應對突如其來的損失帶來的震驚與悲傷情緒，人們都束手無策。

這個觀念的重點在於讓我們接受一項事實：關於世界正在發生的事，我們的觀點有多麼局限。

一九四一年，小羅斯福在總統圖書館開幕時，環視館內，笑出聲來。有位記者問他為什麼這麼開心，他說：「我想到未來所有來訪的歷史學家，他們到這裡時以為能為自己的問題找到答案。」[7]

我們不知道的事太多了。不只是未來，還有過去。

歷史包含三種內容：（一）被拍攝到的東西，（二）有人寫下來或記錄下來的東西，

（三）歷史學家與記者想要採訪的人同意受訪後所說的話。

曾經發生過的所有重大事件中，屬於三者之一的比例有多少？沒有人知道。但是絕對微乎其微。而這三種內容全都有解讀錯誤、資訊不完整、修飾美化、說謊與選擇性記憶之虞。

面對世界上正在發生的事以及過去發生的事，一個觀點如此局限的人，很容易看輕自己不知道的事情、漠視其他現在可能正在發生的事情，以及低估可能出現哪些根本沒有預見到的差錯。

想像有個心滿意足的孩子，幸福的玩著玩具，映著陽光的臉龐掛著微笑。

在他們心裡，一切都很美好。周遭的環境就是他們的全世界：身旁有媽媽、有爸爸，伸手有玩具，肚子裡有食物。對他們來說，生活完美無缺。他們擁有所需的一切資訊。

他們不知道的事情遠遠多更多。在三歲孩子的心智裡，地緣政治的概念完全無從想像。不論是利率上升會傷害經濟、為什麼有人需要薪水，或者職涯究竟是什麼，還是罹癌風險，這些觀念完全在他們的視野與腦海之外。

心理學家丹尼爾・康納曼（Daniel Kahneman）說：「我們怎麼樣都不會想到，我們沒預料到的事物可能會推翻我們所相信的一切。」

萬萬沒想到的是，連成年人也對這個世界上正在發生的事情視而不見。有一段令人難忘的影片是二〇〇一年九月十一日早上，就在恐怖攻擊即將發生前沒多久，紐約市地方新聞節目這樣開場：「早安；早上八點的氣溫是華氏六十四度（約攝氏十八度）。[8]今天是九月十一日星期二……今天會是一整天都有陽光的美麗天氣。這真是美好的九月天，午後的氣溫大約是華氏八十度……。」

風險就是他們沒有預料到的事物。

——

顧名思義，風險就是你拿它沒輒的事情。世界上就是有這種事。你不可能為想像不到的事情做計畫，而你愈是覺得自己已經把想像得到的部分全都想過，等到你沒預料到的事情發生時，你就愈是震驚。

不過，有兩件事可以幫得上忙。

第一，用加州因應地震的方式看待風險。加州政府知道大地震將會發生；但是，他們不知道地震什麼時候來、在哪裡發生、強度有多大。即使沒有明確的預測，緊急應變小組也已經做好準備。建築物在設計上要能夠承受百年難得一遇的大地震。納西姆・塔雷伯（Nassim Taleb）表示：「投資於準備，而不是投資於預測。」[9]這句話直指核心。

如果你認為，在你為風險做準備之前必須先有明確的預測，那麼風險就會帶來危險。你得預期風險會出現，只是不知道什麼時候或在哪裡出現，這樣好過你完全依賴預測行事；因為，預測幾乎都是胡說八道，不然就是大家都知道的事情。預期（expectation）和預測（forecast）截然不同，因此，在這個世界上，無法預料的事物才叫風險，預期比預測更有價值。

第二，你要體認到，如果你只為可預見的風險做準備，那麼凡是你沒看到的風險，你都會毫無準備。因此，以個人理財來說，儲蓄金額感覺有一點太多的時候才是適當的水準。你應該要感覺自己過度儲蓄，這筆金額應該高到讓你有一點皺眉頭的程度。

當你衡量自己可以承受的債務水準時，也要採用同樣的道理：無論你認為自己可以背負多少債務，實際的金額或許應該再少一點。在這個世界，最重大的歷史事件在發生之前都看似荒謬無稽，因此你的準備也不應該合乎常理。

大多數時候，人們措手不及不是因為沒有預先計畫。有時候，反倒是全世界最聰明的計畫者不眠不休的工作、描繪他們想像得到的每個場景，最終才會失敗收場。他們為每一件合情合理的事物做計畫，直到被不曾想像到的事物迎面擊倒。

——

魔術大師哈利．胡迪尼（Harry Houdini）的表演有個固定的橋段，就是請觀眾裡最強壯的人上台，使盡全力出拳打他的腹部。

胡迪尼是業餘拳擊手，他會告訴觀眾，不管是誰的拳頭，他都挨得住，而且面不改色。這項特技的概念和他著名的逃脫術之所以受歡迎，原因有著異曲同工之妙：人們喜歡看到他的身體可以克服物理學的限制。

一九二六年的一場表演結束之後，胡迪尼邀請一群學生到後台和他見面。其中一個名叫高登．懷德海（Gordon Whitehead）的男人走上前去，冷不防的出拳攻擊胡迪尼的腹部。

懷德海沒有任何惡意，覺得自己只是模仿胡迪尼剛剛在台上表演的同一套把戲。但是，胡迪尼沒有像在舞台上時為挨打做準備。他沒有繃緊腹腔神經叢*、扎穩站姿、屏住呼吸，這些都是正式表演這項特技前他會做的事。懷德海的行動讓他措手不及。胡迪尼打發懷德海走開，痛苦都寫在臉上。

第二天，胡迪尼在疼痛中醒來，痛到蜷著身體，直不起腰來。他的盲腸破裂，幾乎可以確定就是懷德海打的那幾拳所造成。

胡迪尼自此與世長辭。

他可能是歷史上最懂得在風險中求生存的人。把他用鐵鍊綁起來丟進河裡？沒問題。把他活埋進沙裡？沒問題，他可以在幾秒鐘內逃脫，因為他有計畫。

但是，一名學生給他一記沒有預見、沒有準備的猛擊呢？

那是最大的風險。

你沒有預料到的事物永遠是最大的風險。

接著，來聊聊我們的期望（expectation），還有一項悲劇：生活裡幾乎各個層面都在進步，幸福感卻原地踏步。

---

* 編注：solar plexus，又稱太陽神經叢，是傳遞疼痛訊號的神經細胞網絡。

3

期望與現實

幸福的第一守則就是降低期望。

你的幸福取決於你的期望，這比其他任何因素對你的幸福影響更大。因此，在這個大多數時候對大部分人來說持續變得更好的世界裡，如何不讓期望值跟著上升，就是一項重要的生活技巧。但這也是最困難的技巧之一。

歷史有個常見的套路：情況改善，財富增加，科技帶來新效率，醫藥挽救生命。於是，生活品質提高。但是，人們的期望也跟著水漲船高，甚至更高，因為這些進步也嘉惠你周遭的人，而這些人的環境條件是你的參考基準。儘管世界在進步，幸福感卻幾乎原地踏步。

這似乎是千古不變的魔咒。孟德斯鳩（Montesquieu）在兩百七十五年前寫道：「如果你只想要幸福，很容易就能實現；可是我們總想要比別人更幸福，這件事永遠很難達成，因為我們會高估別人的幸福。」

約翰·洛克斐勒（John D. Rockefeller）沒有青黴素、防曬乳或安舒疼止痛藥（Advil），但是你不會說一個手邊有止痛藥與防曬乳的低收入美國人，就會覺得自己比洛克斐勒更寬裕，因為這不是人類大腦的運作方式。人會根據周遭人的狀況來衡量自己的幸福感，而當周遭的人手頭變得闊綽，奢侈品轉眼間就會成為必需品。

投資人查理·蒙格（Charlie Munger）有一次提到，讓世界轉動的不是貪婪，而是嫉妒。

讓我用一則和一九五〇年代有關的小故事來說明他這句話的意思。

——

「現在和不久的將來看起來都美好極了，」《生活》雜誌（*Life*）一九五三年一月的封面故事如此開頭。[1]「這個國家剛剛走過歷史上經濟最輝煌的一年，」文章繼續說道。這項成就來自「連續十年的充分就業，而背後的推手是一種新的管理態度，其中包括人們日益體認到，當勞工在健康合宜的環境中工作並享有優渥薪資，就會是有價值的勞工」。[2]

財富來得如此之快，致富的人如此之多，種種衝擊迎面而來。「在一九三〇年代，我擔心該怎麼填飽肚子，」《生活》雜誌引述一名計程車司機說的話：「現在我煩惱該到哪裡停車。」

如果你對這些引述並不意外，那是因為一九五〇年代常常被視為中產階級發達的黃金時代。如果你問美國人，美國在哪個時期最偉大輝煌，一九五〇年代通常是名列前茅。和今天相比呢？簡直兩個世界，根本沒得比。大家都一面倒的覺得：那個時候比較美好。

人們對一九五〇年代的典型美國生活普遍有一種懷舊的憧憬。地緣政治預測家喬治．費里曼（George Friedman）曾經這麼總結：

在一九五〇與一九六〇年代，中位數水準的所得能夠供單薪家庭養三個小孩；外出賺錢的通常是先生，太太通常是全職家庭主婦。這些家庭買得起普通的住宅、一輛最新款的汽車與一輛較舊款的汽車，可以安排全家開車去外地度假，而且如果用心盤算，還能存到錢。[3]

先生去工廠上班養家、家裡有三個孩子與一隻名叫「斑斑」（Spot）的狗……諸如此類，這些條件描繪出的一九五〇年代生活千真萬確。

不過，覺得昔日普通家庭比今日的人們過得更優渥，還認為在幾乎各種標準衡量下，他們都更繁榮、更有保障的想法，其實很容易推翻。

一九五五年的家庭所得經通貨膨脹調整的中位數是兩萬九千美元，一九六五年是四萬兩千美元，[4]到了二〇二一年，則為七萬零七百八十四美元。[5]

《生活》雜誌把一九五〇年代描述成活在一九二〇年代的人難以置信的繁榮時代。今天的狀況也是一樣，如果一九五〇年代的家庭看到孫輩的所得是他們的兩倍多，同樣會感到不可思議。

所得成長不是因為工時增加，也不完全是因為有更多女性參與勞動。今日經通膨調整的中位數時薪比一九五五年高出將近五〇％。[6]

今日家庭的某些經濟煩惱，會讓一九五〇年代的家庭感到不解。

一九五〇年的住宅自有率比現在低一二％。[7]

以前的平均住宅面積比今天小三分之一，然而居住人數卻更多。[8]

在一九五〇年，食物占家計單位預算達二九％，如今則僅有一三％。[9]

在工作場所死亡的人數是今天的三倍。[10]

那就是我們心嚮往之的經濟時代嗎？

沒錯。重要的是理解為什麼會這樣。

班傑明・費倫茨（Benjamin Ferencz）的童年過得很艱辛。他的父親是移民，不會

說英語又失業，他們全家窩在紐約市一個由義大利黑幫掌控的地區，暴力事件是家常便飯。

但是費倫茨說，他的父母似乎對這些事全都不以為意，反而滿懷興奮。他回憶道：

他們不知道這樣的生活很艱苦，因為他們來這裡之前待的地方，生活更加艱苦。所以無論如何，這都是進步。[11]

費倫茨一家為了躲避納粹大屠殺期間對猶太人的迫害而逃出羅馬尼亞。他們在隆冬時節縮在露天甲板上渡海抵達美國，幾乎要被凍死。費倫茨後來成為律師，並且在紐倫堡大審期間起訴納粹戰犯。他是我遇過最快樂的人之一。

期望是如何改變你對當前環境的理解，會讓你跌破眼鏡。

我有個朋友在非洲的赤貧環境中長大，現在在加州的科技業工作。他說，直到今天，每當享用到熱騰騰的一餐時，他仍然覺得讚嘆。美國食物的充足豐富讓他驚異不已。而我思考到這一點就驚異不已，因為我想都不會多想的事，他卻從中找到無窮喜樂。

二〇〇七年，《紐約時報》（*The New York Times*）專訪Match.com創辦人蓋瑞・克

雷曼（Gary Kremen）。[12]那時的克雷曼四十三歲，身價千萬美元，躋身全國富裕人口頂端的〇．五％，可能也是全球富裕人口頂端的〇．〇〇一％。只是，在矽谷，他不過是個平凡人。「身價一千萬美元在這裡只是無名小卒，」他表示。《紐約時報》寫道：「他每週工作六十到八十個小時，因為他認為以這樣的收入而言，自己完全沒有放鬆的本錢。」

財富沒有客觀的標準；一切都是相對的比較，而且多半是和周遭人們的狀況來比較。在我們判斷自身的生活欠缺什麼、對生活應該有什麼期望時，這是阻力最小的思考路徑。每個人都會這麼做。不管人們有沒有意識到這一點，但每個人都會看看周遭，然後說：「其他和我狀況類似的人擁有什麼？他們在做什麼事？因為我也應該擁有那些東西，也應該做那些事。」

不管用哪一把尺來衡量，今天的各方面幾乎都比一九五〇年代好，但是我們仍然對那個年代念念不忘，在我認為，了解這樣的比較心態是理解這種懷舊渴望的窗口。

花錢買幸福就像吸毒找快樂：如果做得對，感覺神奇無比；如果用來掩飾弱點，將

會身陷險境；如果需索無度，就是萬劫不復。

一九五〇年代的獨特之處在於，人們能夠設法實現財務平衡，而這是過去以及後來的世代都無法企及的境界。

不論從經濟面或社會面來看，第二次世界大戰都對美國留下不可磨滅的影響。一九四二年至一九四五年間，幾乎所有薪資都是由全國戰時勞工委員會（National War Labor Board）訂定，而他們偏好相較扁平的薪資結構，也就是說，低所得勞工和高所得勞工之間的薪資差距會更小。

即使在解除薪資管控之後，那種理念的影子猶然存在。戰前的階級所得變異數大幅縮減。戰後幾年，歷史學家佛德烈克．路易斯．艾倫（Frederick Lewis Allen）指出，如果以百分比計算，流向所得最低社會群體的經濟利得最多，貧富差距因而大幅縮減。

如果你回顧一九五〇年代並且問道：「它到底有什麼不一樣，讓人感覺這麼好？」那麼上述所提的狀況至少是一部分的解答。因為你和周遭大多數人之間的差距沒有那麼大。

一九五〇年代創造出一個可以輕易控制期望的環境，在你的社交圈裡，很少有人過的生活比你好一大截。

許多（但不是全部）美國人左看看、右看看，發現不只自己過得很舒服，而且和周遭的人一比，大家的生活都差不多，一樣過得很舒服。

這就是一九五〇年代有別於其他年代的一項特點。

薪資相對於今日雖然比較低，但是感覺很好，因為別人的薪資也一樣低。

儘管房子比較小，但是感覺很好，因為別人住的房子也一樣小。

就算缺乏醫療照護，你也可以接受，因為你的鄰居處境相同。

你可以接受二手衣，因為大家都這樣穿。

去露營就算是休閒度假，因為每個人休假都是去露營。

那是一個沒有太多社會壓力的現代社會，人們不必把期望值拉高到超過自己的收入水準，經濟成長直接帶來幸福快樂的生活。大家不只是變有錢，而是大家「覺得」自己變有錢。

當然，那個時代有如曇花一現。

戰後一九五〇年代與一九六〇年代的團結和睦，到了一九八〇年代初則是由階層之間更為分歧的成長所取代，少數人的財富呈指數成長，許多人卻要辛辛苦苦才能有點積蓄。多數人的渴望隨著少數人金碧輝煌的生活而膨脹。

洛克斐勒從來不會想要擁有安舒疼止痛藥，因為他不知道有這種東西。但是今天的社群媒體讓事情起了變化：全世界的每一個人都可以看到其他人的生活方式，而這些生活通常經過誇大、偽裝與修飾。美好被渲染、陰暗被隱藏；別人精心鋪排的生活精彩片段，你卻拿來作為和同儕比較的那把尺。心理學家強納生．海德特（Jonathan Haidt）說，在社群媒體上，人們與其說是在溝通交流，不如說是在為彼此表演。別人開的車、別人住的房子、別人讀的昂貴學校，你都看在眼裡。比起之前幾個世代的人們，現在的我們更容易說出「我想要那個，為什麼我沒有？」「為什麼他有，但我沒有？」。

當今的經濟很擅長創造三種事物：財富、炫富能力，以及對他人財富的強烈嫉妒。近幾十年間，我們更容易看著周遭說：「我擁有的事物或許比以前多，但是和那邊那個人比起來，我不覺得自己過得有他那麼好。」

這種嫉妒在某些部分來說很有用，因為說出「他們有的，我也想要」是一股如此強而有力的進步動機。

然而重點還是在於：就算擁有更高的所得、更多的財富，以及更大的房屋，這一切很快都會被膨脹的期望所扼殺。

我這樣說並不表示一九五〇年代比較美好或比較公平，甚至也不表示我們應該努力重建舊制度——那是另一個話題。

不過，人們對一九五〇年代的懷舊心態，最能說明當期望的成長比環境的變化更快時是什麼情況。

在很多方面，這是過去一直如此、未來也將永遠不變的現象。大多數人都難逃被別人擁有而自己沒有的事物所牽動。

這個道理也點出，想要活得幸福快樂，管理期望有多麼重要。

有違直覺的例子比比皆是。

演員威爾·史密斯（Will Smith）在自傳裡寫道：

- 成名的過程感覺奇妙無比。
- 功成名就的滋味五味雜陳。
- 失去名氣的感受淒慘落魄。[13]

名氣大小幾乎無關緊要。從沒沒無聞到小有名氣，就能在你對生活的期望和實際的生活狀況之間挖出一道鴻溝；名氣走下坡的過程也是一樣，只是鴻溝兩邊的狀況相反。但是，就算功成名就，也不過只是符合期望而已。

職業網球選手大阪直美曾說，她的職業生涯進入一種境況，即使贏得賽事也沒有帶來任何快樂，她說：「我感覺更像是一種解脫。」[14]

哈利．杜魯門（Harry Truman）這個失敗的零售商、失敗的農民、失敗的鋅礦業者、失敗的石油鑽探業者，以及被密蘇里州在地商賈管得死死的參議員，在小羅斯福總統過世後繼任，當時他幾乎遭到各方一致的嚴厲批評。《華盛頓郵報》（*The Washington Post*）評述：「在這個嚴峻時刻，如果我們不承認，杜魯門先生的經驗和落在他肩頭的責任之間存在嚴重的落差，那也太不老實了。」歷史學家大衛．麥卡羅（David McCullough）也寫道：「對許多人來說，這不只是偉人的凋零，也代表他的位置是被無名小卒、或者至少是最不可能的人所取代。」[15]但如今，歷史學家在評選歷史上最偉大的十位總統時，杜魯門不但是榜上常客，還經常排在小羅斯福總統前面。

我相信，部分原因在於大眾對於杜魯門的能力所抱持的期望很低，因此只要他展露任何一丁點的領導特質，都會讓大家驚艷不已。小成功就是勝利，大成功則感覺像個奇蹟。

在這些例子當中，實際情況無關緊要。期望與現實之間的鴻溝才是觸發情緒的開關。

當你從這個角度思考，就會發現期望的力量多麼強大。它可以讓名人陷入痛苦深淵，也可以讓貧困的家庭歡喜讚嘆，這實在讓人驚奇。無論是誰、無論在什麼地方、幾乎無論做什麼事，都不過是在期望與現實之間尋求一個位置。

但是，這一點如此容易遭到忽略。

Glenair 的執行長彼得·考夫曼（Peter Kaufman）是世間絕頂聰明之輩，他曾寫道：

> 我們往往會採取一切預防措施來保護實體資產，因為我們知道它們有多值錢。另一方面，我們卻忽略更珍貴的東西，只因為它們沒有標價：例如視力、人際關係或自由，因為無法用金錢交易，實質價值也隨之隱而不見。

期望也一樣，它們的價值因為沒有標價而容易被忽視。

但是，你的幸福完全取決於期望。

你的老闆對你工作表現的印象取決於期望。

消費者的信心取決於期望。

股市的走勢取決於期望。

那麼，我們為什麼對期望如此不聞不問？

我們拚命提高所得、技能與預測未來的能力，因為這些都是值得關注的好東西。但是，另一方面，我們對期望幾乎一無所知，特別是我們不會像努力改變環境一樣努力的管理期望。

想像一下，假使生活中幾乎所有事物都在進步，但是你對此沒有一絲一毫的領略，因為你的期望跟著環境一起水漲船高，這會有多恐怖，幾乎和一個原地踏步的世界一樣可怕。

有人問九十八歲的蒙格：「你看起來非常快樂又滿足。讓你擁有幸福人生的祕訣是什麼？」他答道：

> 幸福人生的第一守則就是降低期望。如果你的期望不切實際，一生注定悲慘不已。你應該抱持合理的期望，並全盤接受人生的際遇，無論是好是壞，因為任何事情多少都有個限度。[16]

我的朋友布倫特（Brent）對婚姻有個相關的理論：婚姻只有在雙方都想要幫助對方卻不求回報時才走得下去。當雙方都能那麼做，就會皆大歡喜。

這些忠告說起來容易，做起來難。我認為人們通常難以區分高期望和動機的差別，降低期望又讓人感覺像是半途而廢、壓抑自我潛能。

唯一的解決辦法或許是要體認到兩件事。

第一件事是不斷提醒自己，財富與幸福是包含兩個項目的方程式：一項是你擁有的事物，另一項是你的期望／需求。等你體認到兩邊都一樣重要時就會明白，拚命關心如何得到更多，而不太在意如何管理期望，根本沒有意義又不合理，尤其是落在期望那一邊的事物，有更多都在我們的掌控之中。

另一件事是搞懂期望遊戲怎麼玩。這是一種心理遊戲，通常瘋狂又痛苦，但是每個人都不得不玩，所以你應該明白它的規則與策略。這場遊戲的進行方式如下：你認為你想要進步，無論是為了自己，還是為了世界考量。只不過在大多數時候，這並不是你實際上想要的東西，你想要的其實是感受到期望和現實之間的差距。這條方程式的期望部分不只很重要，而且相較於管理環境，通常你更能夠操控期望。

現在我們來討論全世界最複雜的主題之一：人類的心智。

4

瘋狂的心智

會用你喜歡的獨特觀點來看世界的人，
也會用你不喜歡的獨特觀點來看世界。

二〇二一年東京奧運期間，全球第一的馬拉松跑者埃里烏德·奇普喬格（Eliud Kipchoge）暫時待在舞台準備室。馬拉松比賽結束後，他和另外兩名選手，也就是比利時的巴席爾·阿布迪（Bashir Abdi）與荷蘭的阿布迪·納吉耶（Abdi Nageeye），一起在這裡等待上台領取奧運獎牌；這是奇普喬格第二次奪金。[1]

頒獎典禮需要花時間準備，因此選手必須先待在狹小、單調的房間裡，無所事事，枯坐好幾個小時。阿布迪與納吉耶後來說，他們當時做的是其他人都會做的事，也就是拿出手機，尋找無線網路訊號，然後漫無目的的滑看社群媒體。

奇普喬格沒有這樣做。

阿布迪與納吉耶說，奇普喬格只是靜悄悄的坐在那裡，盯著牆壁，不發一語且一臉滿足。

整整好幾個小時。

「他不是人類，」阿布迪開玩笑說。

他不是人類。

他的思考、行動或行為，都不同於一般人。

這句話如果換個說法，也能用來形容大部分人的模範。你喜歡他們是因為他們會做別人永遠不會考慮、甚至無法理解的事情。

他們有些特質非常了不起，你應該敬仰他們，甚至努力向他們看齊。

有些特質則不然，甚至很多特質都不值得效法。

會用你喜歡的獨特觀點來看世界的人，幾乎肯定也會用你不喜歡的獨特觀點來看世界，這是人之常情。

我們很容易忽視這一點，以致於誤判我們應該敬仰的對象，以及對非常成功的人應該有什麼期待。

關鍵在於，我們必須全盤接受一顆獨特的心靈，因為他們那些精采而令我們嘆服的表現，和那些我們不想要或我們貶低的表現，兩者無法切割。

我來分享一則小故事，講的是一位每個人都需要他、但是沒有人受得了他的戰鬥機飛行員。

約翰·鮑伊德（John Boyd）可能是有史以來最偉大的飛行員。[2]

他在自己的領域所做的革新，成就空前絕後。他撰寫的手冊《空戰研究》（*Aerial*

Attack Study）把數學融入戰術科學，一如工程師運用數學來建造飛機。

他的真知灼見簡潔卻有力。比方說，鮑伊德體認到，戰術優勢不在於飛行的速度或高度，而是在於能多快改變航向並向上爬升。這項發現不只顛覆飛行員的思維，也革新飛機的製造方式。他簡直是個登峰造極的飛行專家。直到今天，鮑伊德二十多歲時寫的手冊都是戰鬥機飛行員的官方戰術指南。

鮑伊德是軍事史上公認影響力數一數二的思想家。不過，《紐約時報》有一次形容他：「近乎是一個邊緣人……即使在空軍部隊也是如此。」[3]

那是因為鮑伊德儘管聰明絕頂，卻也瘋狂不羈。

他粗野無禮、捉摸不定、離經叛道、沒有耐心；他會對長官大吼大叫，讓同袍瞠目結舌。有一次，他因為在暖氣故障的飛機庫房縱火，差一點被送進軍事法庭。開會時，他會啃下雙手的硬繭，把死皮吐在桌上。

空軍喜歡、也需要鮑伊德的洞見，但是他們受不了鮑伊德這個人。

鮑伊德思考開飛機這件事的時候，觀點和其他飛行員截然不同，彷彿動的是不同區塊的大腦，玩的是不同的賽局，這是他與眾不同的特質。

也是因為這項特質，讓他天生就對世俗常規漠不關心。無怪乎他的長官在同一份考核報告中既讚揚他的貢獻，又試圖阻擋他的升遷。

有一段評語提到，「這位才華出眾的年輕軍官是深富原創力的思想家」，但是接著又說，「他強勢固執又沒耐心，無法適應嚴密的監督，幾乎完全容不下那些想要阻礙他的計畫的人。」[4]當鮑伊德在撰寫空戰戰術的權威著作時，兩名上校否決他的升遷。

鮑伊德最後還是獲得晉升。他實在天賦異稟，不可能不升官。但是在他的職涯裡，從頭到尾每個人都拿他莫可奈何。他得罪很多人。他有優秀的一面、有惡劣的一面，也有令人不敢恭維的一面，有時候甚至違法亂紀。但是，不管怎麼看，他都是獨一無二。

—

經濟學家約翰．梅納德．凱因斯（John Maynard Keynes）在拍賣會買下一批珍貴的艾薩克．牛頓（Isaac Newton）論文原稿。

其中有許多稿件擱在劍橋長達幾個世紀，不曾面世。

牛頓可能是古往今來最聰明的人。但是，凱因斯驚訝的發現，他的研究大部分都在鑽研鍊金術、巫術，以及努力尋找長生靈藥。

凱因斯寫道：

我已經大量瀏覽至少十萬字。它們通篇都是魔法研究，完全不具科學價值，這是不爭的事實；而且，不可否認的是，牛頓為此奉獻多年心力。[5]

我不禁沉思：牛頓究竟是一個沒有沉迷於魔法的天才呢？或者那股對看似不可能事物的好奇心，才是讓他成就如此輝煌的原因之一？

我認為我們無從得知。但是，瘋狂的天才有時候看起來就是個不折不扣的瘋子，這幾乎成了定理。

在電影《巴頓將軍》（*Patton*）裡有一幕，飾演第二次世界大戰名將喬治・巴頓（George Patton）的演員在戰後會見俄羅斯的將軍。俄羅斯將軍透過翻譯官提議敬酒。[6]

「我向將軍致意，」巴頓說：「不過請告訴他，我不想和他或任何一個俄羅斯渾球喝酒。」

翻譯官聽得目瞪口呆，說她不能轉達那種訊息。但是，巴頓堅持要她這麼說。

俄羅斯將軍則透過翻譯官回應說，他認為巴頓也是個渾球。

巴頓將軍一陣狂笑，舉杯說：「現在我能喝下這杯酒了。一個渾球敬另一個渾球！」

這則故事或許可以完美的總結出成就非凡的人是如何行事。他們當然有不尋常的特質，那正是他們成功的原因！我們絕對不該假定所有不尋常的特質都很正面陽光、謙虛有禮、討人喜歡，或是有吸引力。

當一個人特別擅長某件事，往往就會在另一件事上做得異常拙劣，我一直認為此言不虛，而且如果你留意，就會不斷看到印證。這彷彿顯示出大腦容量有限，只裝得下這麼多知識與情感，而一項優異的能力會排擠其他人格特質發揮的空間。

就拿伊隆・馬斯克（Elon Musk）來說吧。

哪一個三十二歲的傢伙會覺得自己能夠同時和通用汽車（GM）、福特汽車（Ford）與NASA相抗衡？只有不折不扣的瘋子才會這樣。這種人認為自己不受常規約束，而且他們這樣想並非出於妄自尊大，而是出於一種真誠與本能的直覺。不把什麼推特（Twitter，現X）禮節放在眼裡的，也是這種人。

一個可以為殖民火星孤注一擲、押上個人財富的人，不會把舉止誇張的缺陷放在心上。一個會提議到火星大氣層不斷投擲核彈，好讓火星變成宜居之地的人，不會顧慮自己是否脫離現實。[7]

一個說人類有九九・九九九九%的機率是電腦模擬產物的人，才不會把對股東的承諾能否兌現放在心上。[8]

前幾天還在一頂帳篷裡重建特斯拉 Model 3 裝配線，這幾天就設法解救受困於溶洞裡的泰國兒童足球隊，過沒幾天又承諾要解決密西根州佛林特（Flint）的水資源問題，這種人不會把律師意見當一回事。

世人喜愛馬斯克的高瞻遠矚，卻又希望他天才的一面沒有伴隨著他以扭曲、「我才不管什麼規矩」的觀點看待現實。但是，我認為這是無法切割的一體兩面。它們是同一種人格特質，互為風險與報酬。

約翰．鮑伊德也一樣。

史蒂夫．賈伯斯也是這樣：他既是天才，也是怪物老闆。

華特．迪士尼（Walt Disney）也是同一種人，他的雄心壯志讓他經手的每一間公司都瀕臨破產。

美國前國家安全顧問麥克喬治．邦迪（McGeorge Bundy）曾對約翰．甘迺迪總統（John F. Kennedy）說，登陸月球是個瘋狂的目標。甘迺迪則答道：「一個人若沒有相當的膽識，不會在四十幾歲時競選總統。」

——

這項道理告訴我們，能夠開創豐功偉業的人，通常也會冒著同樣巨大的風險，做出可能反噬自己的行動。

什麼樣的人能夠攀登到成功企業或大國的巔峰？

堅定、樂觀、不屈不撓、充滿自信的人。

什麼樣的人可能會行動過頭、不自量力、低估別人眼中顯而易見的風險？

堅定、樂觀、不屈不撓、充滿自信的人。

均值回歸是歷史上最常見的一種故事發展。它是經濟、市場、國家、企業、職涯等一切議題的主要角色。出現均值回歸的部分原因在於，把那些人推上頂峰的種種人格特質，也更有可能把他們推向懸崖邊緣。

國家也是如此，尤其是帝國。在一個決意擴張領土的國家中，會說出「好了，夠了，我們應該為現在的成就感恩，並且停止入侵其他國家」這種話的人，不太可能成為統治者。這種人會不斷推進，直到棋逢敵手。小說家史蒂芬·褚威格（Stefan Zweig）曾說：「歷史上找不到一個對征服饜足的征服者。」也就是說，沒有一個征服者會在如願達成目標後收手。

本章主題最重要的教訓，或許是要深入探究誰應該成為我們尊敬的對象，特別是我們立志效法的榜樣與模仿的對象。創投家納瓦爾・拉維肯（Naval Ravikant）曾經寫道：

> 有一天我發覺，面對我嫉妒的那些人時，不能只從他們的人生挑選少數幾個面向。我不能說我想要這個人的體魄、那個人的財富、另一個人的性格。你必須成為那個人。但是，你真的想要成為那個人，對他們的行為反應、他們的欲望野心、他們的家庭狀況、他們的幸福水準、他們的人生觀、他們的自我形象都照單全收嗎？如果你不願意概括承受對方的一切，不願意全天候且全年無休、百分之百和對方交換，嫉妒就沒有任何意義。[9]

對於別人的人生，你只能選擇要或不要。而要與不要，力量同等強大。只不過在尋找模範時，一定要仔細辨別你看到的是哪一邊。

——

鮑伊德曾說：「你必須挑戰所有的假設，否則今天的學說總有一天會變成永遠的教條。」

就是那樣的人生哲理，讓一個人留名青史——無論是美名、還是臭名。

接下來，我們來淺談一下人們的數學有多差。

5

瘋狂的數字

人們不想要精準；人們要的是確定。

現代世界之禍，源於愚人自以為是，而智者滿腹懷疑。

——伯特蘭．羅素（Bertrand Russell）

傑利．賽菲德（Jerry Seinfeld）有一次開著自己的車和吉米．法倫（Jimmy Fallon）兜風。[1]

那是一部一九五〇年代出廠的老車。

法倫問他：「這部車沒有安全氣囊，你不擔心嗎？」

賽菲德回答：「不會。而且說真的，你一生中有幾次需要用到安全氣囊？」

這是一則笑話，不過它完美的點出人們有多麼不擅於思考機率與不確定性。

史丹佛大學教授羅納德．霍華（Ronald Howard）為了幫助學生思考這件事，要求他們考試的時候在每一個答案的旁邊寫下一個百分比數字，表示他們認為自己答對的可能性。

如果你說你對自己的答案有一〇〇%的信心，但是卻答錯了，那麼這次考試直接算不及格。如果你說你對自己的答案的信心是〇%，但是剛好答對，那麼你也拿不到分數。如果是介於一〇〇%和〇%之間的任何數字，你都能拿到一個經過信心程度調整的分數。

這是我所聽過教導人們理解人生就是機率管理的最佳方式。這個驚嚇法何其神妙，迫使學生在驚恐中體認到，在一個充滿未知數的世界中卻假設確定性存在，會產生什麼樣的後果。

人類行為有一項共同特質，就是儘管生活在一個充滿不確定與機率的世界，卻對確定性抱持強烈的渴望。

風險與不確定性背後的數學，處理起來通常很棘手，人們一直為此苦苦掙扎，未來也得永遠和它周旋。看似要發生的事沒有成真，或是看似不會發生的事還是成真，可以說是這個世界最重要的把戲之一。

——

電影《〇〇：三〇凌晨密令》（*Zero Dark Thirty*）裡有一幕，中情局主任質問一群宣稱找到奧薩瑪．賓拉登（Osama bin Laden）藏身處的情報分析師。[2]

「我等一下要向總統當面報告，」他說：「我要知道他是不是在那裡，不廢話，簡單說，他是在？還是不在？」

小組領導者說，賓拉登在那裡的可能性有六成到八成。

主任問：「是在？還是不在？」

大部分的人都明白，很少有事情可以百分之百確定，而我們充其量只能做自己有把握的決策。大家都理解，就算是聰明人最後也可能是錯的，就算是傻瓜最後也可能是對的，因為運氣與風險就是這麼一回事。

不過在現實世界，真正運用機率的人寥寥無幾，特別是在評判別人的成功時。

大部分人關心的是：「你是對還是錯？」

「到底是或不是？」

機率和細微的變化與漸進的層次有關。但是在現實世界，大家關注的是黑白分明的結果。

如果你說某件事會發生，而它真的發生，那你就是對的。如果你說某件事會發生，但是它沒有發生，那你就是錯的。這就是大家的想法，因為這樣想最不費力。當現實世界的結果擺在眼前，你很難說服別人（或自己）事情也可能會有另一種結果。

人們以為自己想要的是對未來的精確觀點，但是他們真正渴望的其實是確定性，而這才是事情的核心。

不知道接下來會發生什麼事讓人痛苦，而想要擺脫痛苦的現實是人之常情。就算有人對你說經濟有六〇%的機率會衰退，這也不太能緩解你的痛苦，或許還會讓你平添幾分痛苦。但是如果有人說「今年經濟會衰退」，這就像是拋出一根浮木，讓人伸出雙手緊緊抓著，感覺如同掌控住自己的未來。

賓拉登遭到狙擊後，總統歐巴馬說，這個恐怖分子的頭子是否真的在他們鎖定的房子裡，機率是一半一半。[3]幾年前，我在一場會議聽到參與狙擊任務的海豹部隊人員的說法。他表示，無論賓拉登有沒有在那間房子裡，小組成員覺得他們在任務中全數陣亡的機率也是一半一半。因此，那次突襲行動以失望或災難收場的機會其實非常高。

儘管事情沒有這樣發展，但是許多人都不會去關注其他結果。

我們很少會去關注這些事。

機率與不確定性就是這麼難以理解。

和這項道理相關而且同樣重要的一個問題是，在這個廣闊的大千世界，我們有多麼容易低估罕見事件發生的機率。

康納曼曾說：「人類無法理解非常龐大或非常微渺的數字，而承認這項事實對我們有益。」[4]

一九八六年，艾芙琳・瑪麗・亞當斯（Evelyn Marie Adams）在紐澤西州贏得彩券獎金三百九十萬美元。四個月後，她再次中獎，贏得一百四十萬美元。[5]

「我不再買彩券了，」她告訴《紐約時報》：「我要把機會留給別人。」

這是當時的大新聞，因為根據數字專家的計算，中獎兩次的機率微乎其微，只有十七兆分之一。

三年後，佩爾西・迪亞科尼斯（Persi Diaconis）與佛德烈克・莫斯特勒（Frederick Mosteller）這兩位數學家給大家潑了一盆冷水。

如果只有一個人買彩券，中獎兩次的機率確實是十七兆分之一。

但是，如果每週都有一億人買彩券（美國就是如此），有人中獎兩次的機率其實相當高。根據迪亞科尼斯與莫斯特勒的推算，機率高達三十分之一。[6]

這個數字沒有登上任何一則頭條新聞。

莫斯特勒說：「只要樣本夠大，什麼光怪陸離的事都有可能發生。」

這個世界為什麼看起來如此瘋狂，千載難逢的事件為什麼看似層出不窮，這就是其中一個原因。

這個星球上大約有八十億人。某起事件在每一天當中發生的機率如果是百萬分之一，那麼每一天應該會發生在八千人身上，相當於一年出現大約兩百九十萬次，或許在你的一生中會出現兩億五千萬次。在你的一生中，就算是機率只有十億分之一的事件，也會成為數十萬人注定的命運。由於新聞媒體喜歡報導奇聞異事，因此在這些事件發生時，你百分之百肯定會聽到相關報導。

物理學家佛里曼・戴森（Freeman Dyson）曾經解釋道，經常被歸因於超自然、魔法或奇蹟的事物，其實都只是基礎數學的程度。

> 在平凡人的生活中，奇蹟發生的頻率應該大致是一個月一次，要證明這項定律很簡單。我們在一天當中清醒而認真生活的時間大約是八個小時，而我們所見所聞的事件發生的頻率是一秒一件。因此，一天發生的事件總數約為三萬件，相當於每個月約一百萬件。[7]

如果「奇蹟」出現的機率是百萬分之一，那麼平均而言，我們應該每個月都會經歷一次奇蹟。不可思議的事件之所以發生，追根究柢是枯燥沉悶的統計學計算結果，這項觀念相當重要，因為災厄事件的發生也是源於同樣的道理。

想想那些百年難得一見的事件。像是百年一遇的洪水、颶風、地震、金融危機、詐欺案件、全球大流行病、政治解體、經濟衰退等，講也講不完。許多災厄事件都可以封為百年一遇的事件。

「百年一遇的事件」（one-hundred-year event）不是指「每一百年發生一次」，而是在任何一年發生的可能性大約是一％，這個數字看起來很低。但是，百年一遇的事件如果多達數百種，而且彼此是獨立事件，那麼某一年發生其中某一起事件的機率是多少？

相當高。

如果明年有一％的機會發生新的災難性全球大流行病、一％的機會出現嚴重的經濟蕭條、一％的機會發生大洪災、一％的機會發生政治解體……諸如此類，那麼明年，或者是任何一年，發生壞事的可能性都……並不低。

這個道理一直沒有改變。就連我們記憶中的美好歲月也是充滿混亂。輝煌的一九五〇年代其實悲歌不斷：從經過人口成長調整之後的數據來看，一九五八年經濟衰退期間，美國的失業人數比二〇〇八年大衰退期間任一個月的失業人數更多。一九九〇年代的情況也差不多：在我們的記憶中，那是個平靜無波的十年，但是就在一九九八年，正值有史以來最蓬勃的榮景之時，全球金融體系幾乎崩潰。

今日有別於往昔之處在於全球經濟的規模，潛在瘋狂事件發生的樣本規模隨著全球經濟的規模擴大而增加。在八十億人的互動下，我們幾乎可以保證，隨便哪一天都會有某個騙子、天才、恐怖分子、白癡、高人、渾球或先知，做出驚人的舉動。

古往今來累計生存過的人類總數大約是一千億人，平均壽命大約是三十歲，那麼個人存活天數累加的總數大約是一千兩百兆天（12×10^{14}）。這樣看來，即使是發生機率只有十億分之一的瘋狂事件，也已經發生過數百萬次。

但是，現在的問題遠比過去糟糕，而且幾乎一定會持續惡化。

佛德烈克．路易斯．艾倫描述一九〇〇年的美國人如何接收資訊：

> 我們今天很難體會社群之間的隔閡有多大……緬因州（Maine）的漁夫、俄亥俄州（Ohio）的農民與芝加哥市的商人，或多或少都還可以一起討論政治，但是由於缺乏從東岸到西岸都有的聯合專欄，他們的資訊多半來自個人在立場極為分歧的地方報紙所讀到的內容。[8]

過去，資訊比較難遠距離傳播，而國內或世界其他地方發生什麼事，也不是大家最關心的事；一切都是在地的生活、在地的資訊。

廣播的出現讓情況幡然改觀，大眾因此可以取得共同的資訊來源。

電視甚至更進一步。

網路又更上一層樓。

社群媒體帶來指數級的資訊爆炸。

數位新聞大致上把地方報紙的生存空間剝奪殆盡，並且促成資訊的全球化。二〇〇四年至二〇一七年間有一千八百家美國紙媒消失。[9]

地方新聞沒落產生各式各樣的影響。其中一個沒有得到太多關注的問題是，新聞傳播得愈廣，視角就可能愈悲觀。

原因有兩個：

- 壞消息比好消息更受關注，因為悲觀比樂觀更誘人，而且感受更迫切。
- 無論在哪一個時刻，你所在的城鎮出現詐騙、貪腐或災難等壞消息的可能性都很低。但是當你把注意力擴大到全國，可能性就會提高。如果把視野擴大到全世界，任何時間點發生壞事的可能性都是百分之百。

說得稍微誇張一點：地方新聞報導的是壘球比賽，全球新聞報導的是飛機失事與種族滅絕。

曾經有一名研究人員追蹤記錄新聞報導中的情緒，結果發現世界各地的媒體在過去六十年間愈來愈悲觀。[10]

今昔對照，我們再次看看艾倫筆下一九〇〇年的生活：

大多數美國人比較不會像他們的後代那樣為不安全感所苦，那種可怕的不安全感來自經濟、政治、國際力量的衝撞，而這些全都超出個人的理解。他們的視野就近在眼前。[11]

「他們的視野就近在眼前。」而如今，我們的視野涵蓋全世界每一個國家、每一個文化、每一個政權，以及每一個經濟體。

很多好事由此而生。

但是不意外，我們也會感覺世界在近年來變得空前敗壞，而且這種感受在未來也同樣會出現。其實世界沒有改變，因為壞事持續在發生，只是我們現在看見的壞事比以前多。世界平均每十年崩解一次，過去如此，未來也是如此。有時我們會感覺像是運氣背到家，或是壞事捲土重來。更多時候純粹就是數學運算的問題。可能會出錯的事情多到數不清，所以隨時都至少有一件事可能引發混亂。由於世界的連結如此緊密，因此你一定會有所聽聞。

——

我們在此要銘記幾件事。

人們不想要精準，人們要的是確定。

人們會做出許許多多的預測，都是為了擺脫不知道未來會發生什麼事的痛苦現實。相較於提供有用的數字，讓別人感覺好過是更討喜的舉動，而當你對此有所體認，就會開始明白為什麼很少有人從機率的角度思考。

蒙格在一九九〇年代有一場演講的題目是「人類誤判的心理學」（The Psychology of Human Misjudgment）。[12]他列出導致錯誤決策的二十五種偏誤。其中一種是「避免懷疑的傾向」，他的描述如下：

> 人類大腦天生傾向會透過做出某些決定來快速消除懷疑。
>
> 在漫長的演化進程中，動物逐漸偏向快速消除懷疑，這樣做的原因不難理解。畢竟，對於獵物來說，決斷時間太長絕對不是好事。

菲利普．泰特洛克教授（Philip Tetlock）大部分的職涯都在研究所謂的「專家」，無論是自詡或公認的專家都在他的研究範圍。[13]他的研究有一個重要結論，那就是許多專家預測政治與經濟趨勢的能力實在糟糕透頂。儘管有這樣的紀錄，大家會選擇無視專家嗎？「絕無可能，」泰特洛克曾說：「我們需要相信自己生活在一個可預測、可控制的世界，因此我們求助那些保證滿足這種需求、聽起來充滿權威的人。」

即使過去未能如我們所料，也不會影響我們預測未來的欲望。確定性是如此珍貴，因此我們永遠不會放棄追尋，而且要是我們真的誠實面對未來的不確定，大部分人早上根本沒辦法下床。

累積足夠的樣本規模通常要等很久，所以每個人都只能猜測。

假設你是一位七十五歲的經濟學家。你在二十五歲時展開職涯，因此你有半個世紀的經驗來預測未來的經濟走勢，你是非常有經驗的老手。

但是，過去五十年間經濟衰退了幾次？[14] 七次。

你在整個職涯中只有七次機會可以衡量自己的功力。

想要真正判斷一個人的預測能力，就要把他做的數十次、數百次或數千次預測拿來和實際情況比對。但是，很多領域並沒有那麼多次機會可以讓我們衡量結果。這不是任何人的錯；只不過現實世界的真實狀況比理想化的試算表更紊亂。

這是個重要的弔詭，因為如果有人說經濟有八〇%的機率可能會衰退，判斷他們是否正確的唯一方法，就是對照他們過去數十次或數百次的相同主張，看看那些預測是否有八〇%實現。

如果一個人沒有做過數十次或數百次的預測，有時候甚至只做了一、兩次的預測，那麼我們就無從得知，他說某件事有七五%的機率會發生、或者另一件事有三二%的機率會出現時，結果是否正確。所以我們都只能猜測（或是寧可依靠那些宣稱提供確定結果的人）。

當風險伴隨慘痛的後果，時運不濟與粗心大意難以區分。即使有明顯的機率，人們也很容易用二分法看事情。

我大學時在一間旅館當泊車小弟。我們一個月要停一萬輛車，而每個月都會撞壞一輛車，毫無例外，就像時鐘一樣準。

管理階層沒辦法容忍這種事，因此我們沒幾週就會挨一頓罵，被說是粗心大意。可是，停一萬次車只出一次事故，其實是相當優秀的紀錄。一個人如果每天開兩次車，累積停車一萬次要花十四年。看到每十四年才修一次擋泥板的駕駛紀錄，保險公司的眼睛連眨都不會眨一下。

可是，你的老闆要寫一堆車損報告，多到連保險理賠員的名字都叫得出來。所以如果你這樣解釋給他聽，他根本聽不進去。對他來說，訓斥「你們明明就是粗心大意。開慢一點，不然炒你魷魚」要簡單得多。

同樣的事情也在生活中的許多層面上演。以股票市場為例，你可以告訴大家，根據歷史，市場每五到七年就會崩盤一次。但是，大家每隔五到七年都會說：「這樣不對，感覺一切都完蛋了，我的顧問把事情搞砸了。」如果某起事件的發生會造成傷害，即使人們知道這件事發生的機率很高也毫無意義，因為完全沒有人在管機率。

你絕對要避免的是災難性的風險。一名機師飛一萬次墜機一次，這就是災難性的風險。但是，我們非常不擅長處理機率與天文數字，這讓我們對尋常而無可避免的風險過度敏感。

一如既往。

下一章，我們來檢視馬丁．路德．金恩博士（Martin Luther King）那場舉世聞名的演講中一個鮮為人知的事實，以及故事不可思議的力量。

6

贏在好故事

故事永遠比統計數字有力。

最棒的故事勝出。

不是最棒的想法，也不是對的想法，更不是最有道理的想法勝出。能夠講故事抓住聽眾注意力、讓聽眾點頭的人，往往就是能得到獎賞的人。

想法再怎麼棒，講得零零落落，還是一點用也沒有；陳舊或錯誤的觀念，只要講得扣人心弦，就足以點燃一場革命。摩根・費里曼（Morgan Freeman）金口一開，就算只是描述一張購物清單，也可以讓觀眾熱淚盈眶；而不善言辭的科學家，就算找到治療疾病的解方，卻可能無人知曉。

世界上的資訊如此龐雜，每個人都要冷靜的過濾數據，並尋找最理性、最正確的答案。然而面對忙碌而感性的群眾，精采的故事絕對比冰冷的統計數字來得更有力量、更有說服力。

答案正確的人不一定領先。

答案錯誤但是很會說故事的人，或許可以領先（一陣子）。

答案正確又很會說故事的人，幾乎篤定能領先。

那是過去一直不變、未來永遠不變的真理，而且在歷史上斑斑可考。

一九六三年八月二十八日，馬丁．路德．金恩博士在林肯紀念堂（Lincoln Memorial）發表的那場著名演說，其實是脫稿演出。

金恩博士的顧問兼演講撰稿人克雷倫斯．瓊斯（Clarence Jones）擬了一份完整的演講稿，他憶述道，演講內容是根據「我們討論過的想法列成的摘要」所寫成。[1]

金恩博士前幾分鐘的演說是按照講稿走。影片裡可以看到他不斷低頭看筆記，逐字唸稿。「讓我們回到喬治亞州（Georgia）、回到路易斯安那州（Louisiana）、回到我們北方城市的窮人村與貧民窟，並且清楚的意識到這種處境可以改變、也將會改變。」[2]

就在那篇講稿大約念到一半的時候，站在金恩博士左方大約十英尺（約三公尺）遠的福音歌手瑪哈莉亞．傑克遜（Mahalia Jackson）大聲喊道：「馬丁，和他們說說夢想！和他們說說夢想！」[3]

瓊斯回憶道：「（金恩博士）很快的看向她，然後拿起講稿，推到講台左邊。他手扶講台，放眼注視在場超過二十五萬名的群眾。」

然後金恩博士停頓了六秒，抬頭仰望天空開口說：

> 我有一個夢。這個夢深深根植於美國夢。
>
> 我夢想有一天，這個國家會興起，實踐它的信念真諦：「我們主張這些是不證自明的真理：人生而平等。」
>
> 我夢想我的四個稚子有一天能生活在一個不是以他們的膚色、而是以他們的品格來評價他們的國家。
>
> 今天，我有一個夢！[4]

接下來的事都寫在歷史上了。

瓊斯說：「這場演說馳名全國與全球的那些段落，不是他原本打算講的內容。」這不是金恩博士原本準備的內容，也不是他和撰稿人那一天原本認為的最佳素材。

但是，這是有史以來講得最精采的故事之一，以改寫歷史之力，喚起人們的情感、凝聚數百萬人的思想。

好故事通常有那樣的能耐。它們具備鼓舞、激發正面情緒的非凡能力，可以打開人們的視野，讓人洞悉並關注他們過去只看事實時往往會忽視的主題。

馬克·吐溫（Mark Twain）也許是現代最會說故事的人。[5]他在編修自己的作品時，會大聲朗讀給妻子與孩子聽。如果哪一個段落看起來讓他們覺得無趣，他就刪掉。在他們聽得瞪大眼睛、傾身向前或是皺起眉頭的段落，他知道自己就要搔到癢處，於是加強著墨。

即使在一則好故事裡，一個有力的短語或句子也能產生相當於故事的效果。有句話說，人們不會記住書，他們會記住句子。

人類學家克里斯多弗．羅伯特．霍派克（C. R. Hallpike）曾經為一位年輕作家談論人類歷史的新書撰寫書評。他評述道：

> 平心而論，書中大致正確的事實都不是新知，而作者的論點還經常有錯，有時候甚至是嚴重的錯誤……〔本書〕對增進知識無所貢獻。[6]

有兩件事值得注意。

第一，這位作者哈拉瑞（Yuval Noah Harari）的著作銷售超過兩千八百萬冊，綜觀各個領域，他都是當代的頂尖暢銷作家。而霍派克評述的那本書《人類大歷史》（*Sapiens*），則是有史以來最成功的人類學書籍。

第二，哈拉瑞對霍派克的評論似乎沒有異議。

哈拉瑞有一次談到《人類大歷史》的寫作時說：

> 我想：「這實在是平淡無奇！」……內容了無新意。我不是考古學家，我不是靈長類動物學家。我的意思是，我什麼新研究都沒有做……只不過閱讀了眾所周知的常識，再用新的方式呈現。[7]

《人類大歷史》具備的是出色的文筆，優美的文字。故事引人入勝，鋪陳行雲流水。哈拉瑞把既有知識寫得比前人都好，結果為他帶來前人無法想像的盛名。最棒的故事勝出。

這沒有什麼好慚愧，因為很多成就都是這樣來的。

南北戰爭可能是美國歷史上記載最為詳備的時期，共有數千冊書籍從每一個可能的角度記錄每一項可能的細節。不過，肯・伯恩斯（Ken Burns）一九九〇年發表的紀錄片《南北戰爭》（*The Civil War*）在播出後立刻引起轟動，吸引四千萬名觀眾，並贏得四十座重要的電視與電影獎項。[8]在一九九〇年，觀賞伯恩斯這部紀錄片的美國人，和觀看當年超級盃賽事的美國人一樣多。

伯恩斯只是把已經存在一百三十年的資訊編織成一部（非常）精彩的故事，我這麼說不帶任何貶意，因為這實實在在是一部巨作。

伯恩斯曾經如此描述紀錄片中跟著畫面發展的配樂，而這也許是他講故事的過程裡最重要的部分：

> 我查找古讚美詩與古歌集，然後找人用鋼琴彈奏出來。每當有樂音觸動我，我就說：「就是那個！」然後我們找樂手一起進錄音室，可能一錄就是三十個不同的版本。[9]

伯恩斯說，他在寫紀錄片的腳本時，真的會為了配合背景音樂的某一拍而加長句子；同樣的，他會為同樣的理由而刪減句子。「音樂就是上帝，」他說：「它不是蛋糕上的糖霜裝飾。它是奶油牛奶糖膏（fudge），就放在蛋糕裡頭一起烘焙。」

假設你是世界級的歷史學家，在一個重要的主題中投入數十年後，發現開創性的新資訊。你會投入多少時間思考你發現的某一句話和某一首歌的節奏是否合拍？大概沒有。但是伯恩斯有，那就是他的名字家喻戶曉的原因。

作家比爾．布萊森（Bill Bryson）也是如此。他的書大賣，那些沒沒無聞的學者在看過他的寫作內容之後理智斷線。他的著作《身體》（*The Body: A Guide for Occupants*）基本上就是一本解剖學教科書。書裡沒有新資訊，沒有新發現，但是寫得實在精采。他講了一個這麼棒的故事，讓這本書旋即榮登《紐約時報》暢銷書榜，並贏得《華盛頓郵報》年度最佳圖書獎。

這種例子多得不得了。

查爾斯．達爾文（Charles Darwin）不是第一個發現演化原理的人；他只是寫下第一本、也最有說服力的演化論著作。

在評價股票這個主題上，約翰．伯爾．威廉斯（John Burr Williams）教授的見解比班傑明．葛拉漢（Benjamin Graham）更深刻。但是葛拉漢知道怎麼寫好文章，因此成為傳奇人物，著作銷售數百萬冊。

安德魯．卡內基（Andrew Carnegie）曾說他對自己交朋友的魅力與能力感到自豪，一如他為自己的商業頭腦覺得驕傲。馬斯克讓投資者相信願景的能力，一如他對工程知識那般精通。

每個人都知道鐵達尼號（Titanic）沉沒的故事，它奪走一千五百人的生命。一九四八年，中國的江亞輪沉沒，將近四千人喪生，但是幾乎沒有人提過隻字片語。[10]

還有一九八七年的多納帕茲號（MV Dona Paz）渡輪失火沉船，造成四千三百四十五人死亡。[11]

還有二〇〇二年在甘比亞（Gambia）海岸傾覆的尤拉號（MV Le Joola），造成一千八百六十三人喪生。[12]

也許鐵達尼號是因為有故事的潛力才脫穎而出：有名有錢的乘客、倖存者的親身記述，當然，還有那部賣座電影。

如果你認為事實與客觀是世界的主宰，如果你認為最好的想法、最大的數字或正確的答案才會脫穎而出，那麼一個好故事的影響力會讓你抓狂。有一群評論家專門把矛頭指向哈拉瑞，拚命指出他的著作多麼缺乏原創性。還有馬斯克也遭遇同樣的不理解與輕蔑眼光。

如果這是一個完美的世界，資訊的重要性不應該取決於作者是否能言善道。但是，我們生活所在的這個世界，人們沉悶無聊、沒耐心又情緒化，複雜事物需要精煉成容易理解的畫面。

仔細看看就會發現，凡是在資訊交流的地方，無論是產品、公司、職場、政治、知識、教育或文化，都是最精采的故事勝出。

史蒂芬．霍金（Stephen Hawking）有一次提到他的暢銷物理學著作說：「有人告訴我，我在書中每放入一條方程式都會讓銷量減半。」讀者不想要聽講，他們想要的是一個令人難忘的故事。

從大部分評述來看，溫斯頓．邱吉爾（Winston Churchill）都是平庸的政治家。不過他是說故事與演講的大師，也是用精神喊話與煽動情感來吸引群眾注意力的高手，這就是讓他的執政表現脫穎而出的重要關鍵。

又或者以股市為例。每一間企業的市值不過就等於今天的股價乘以明天的故事。有些公司非常會講故事，而在某些時期，投資人會被未來前景最瘋狂的想法所俘擄。如果你想知道某一件事下一步的發展，就不能只是了解技術的可能性。你必須理解每個人在可能性上對自己講的故事，因為這是預測方程式的重要成分。

也許最精通說故事這門藝術的人莫過於喜劇演員。他們了解世界運作的奧祕，因此是一流的思想領袖，但是他們想要的是逗你笑，而不是在你面前耍聰明。他們從心理學、社會學、政治學以及每一個枯燥的領域擷取真知灼見，然後萃取出令人讚嘆的故事。這就是為什麼他們登台表演時能夠全場座無虛席，而對社會行為有重大見解的學術研究人員卻乏人問津。

馬克・吐溫說：「幽默就是顯露聰明但不自誇。」[13]

——

關於好故事，以下是幾個值得記住的要點：

遇到複雜的主題時，故事就像槓桿。

槓桿可以舉重若輕，毫不費力就完全釋放事物的潛能。用故事承載觀念，一如運用債務對資產發揮槓桿效應。

要說明物理學之類的事物，很難只用事實與公式解釋清楚。不過如果你能用球滾下山、相互碰撞的故事解釋火的作用，複雜的事物也可以不費吹灰之力、用很短的時間說明清楚；這就是極為擅長說故事的物理學家理查・費曼（Richard Feynman）慣用的做法。[14]

故事不只能說服別人，同樣也能幫助你。愛因斯坦有一部分的天才在於他的想像力，以及在腦海中把複雜事物轉化成一幕簡單場景的能力。[15]他十六歲時開始想像，如果像是抓住飛毯兩側飛行一般騎乘在一束光上會是什麼樣子，他還思索光會如何移動與彎曲。不久之後，他開始想像假使搭乘密閉的電梯穿梭太空，身體會有什麼感覺。他思考重力時，會想像保齡球與撞球在彈跳床上爭奪空間。他消化教科書的資訊像是作白日夢般輕鬆自在。

伯恩斯曾說：「尋常故事講的是一加一等於二的事。他們說得對，我們聽得懂。不過好故事講的是一加一等於三的事。」這就是槓桿。

最有說服力的故事和你想要相信的事情有關，或者是親身經歷的延伸。

詩人拉爾夫・霍奇森（Ralph Hodgson）說得好：「有些事物必須相信才看得到。」

只要能夠搔到一個人的癢處，或者賦予他們希望成真的信念一個脈絡，薄弱的證據也可以成為動人的故事。

故事會把各種人的注意力凝聚在單一焦點上。

史蒂芬・史匹柏（Steven Spielberg）曾提到：

對我來說最神奇的是去看電影的每一位觀眾……他們構成一整個獨特體驗。現在，你可以透過精心的操縱與高超的故事，讓每個人同時鼓掌、同時大笑、同時害怕。16

馬克・吐溫曾經說過，當他聽聞德意志皇帝威廉二世（Kaiser Wilhelm II）表示自己讀過馬克・吐溫每一本書的同一天稍晚，他下榻的旅館有一名門房也說了同樣的話，那時他就知道自己是成功的作家。「偉大的書是酒，」馬克・吐溫說：「但我的書是水。不過，每個人都會喝水。」無論一個人的身分或出身，馬克・吐溫找到影響每一個人、讓每一個人都點頭的普世情感。這幾乎就是魔法。

引導大家的注意力，並且將它匯聚在單一焦點上，這正是力量最強大的生活技能之一。

好故事能在你認定沒有改善空間的事物裡創造出許多隱藏的機會。

有多少已經公諸於世的偉大想法，會因為有人可以解釋得更好而成長一百倍或者更多？

有多少產品是因為製造商不擅長向顧客描述它們的好處，所以只能找到一小塊潛在市場？

太多、太多了。

VISA公司創辦人迪伊・霍克（Dee Hock）曾說：「新視角的創新能量遠遠比新做法更雄厚。」[17]

如果你認為每一本新書都必須討論原創觀念，如果你認為每一間新公司都必須販賣全新發明，那麼你會萬分沮喪。如果你像哈拉瑞一樣看世界，理解重要的不是你說什麼、做什麼，而是你怎麼說、怎麼呈現，你就會看到更多機會。

以下是你要捫心自問的幾個最重要問題：哪些人知道正確答案，只是因為口才拙劣而被我忽略？哪些事情我信以為真，但其實只是高明行銷的產物？

這些問題讓人坐立難安，而且難以回答。但是，如果你對自己誠實，就會看到有多少人、多少信仰都陷在其中。然後你才會看到真相是：最棒的故事勝出。

——

接下來，我要分享另一個恆久不變的真理：它和戰爭、健身、股市以及其他無法衡量的瘋狂事物有關。

7

無法運算的事物

這個世界是由無法衡量的力量所推動。

很多事情毫無道理可言。數字有矛盾，解釋漏洞百出。但是這些情況層出不窮，人們會做出瘋狂的決策，反應之特異也似乎違背理性思維。

大多數決策都不是用試算表做成，不是只要加加數字，就會跳出明確的答案。決策受到人類這項因素影響，而人類難以量化、也難以解釋，甚至看似可能完全偏離最初的目標，但是這股影響力卻比其他任何因素更強大。

歷史學家威爾・杜蘭（Will Durant）曾說：「邏輯是人類的發明，可能會被宇宙忽視。」[1] 現實往往如此，因此如果你期望世界以理性的方式運轉，現實會令你崩潰。

世界之所以有這麼多的挫折與意外，原因就是我們想要把人類的情感與荷爾蒙化為數學方程式。

亨利・福特二世（Henry Ford II）聘請羅伯特・麥克納馬拉（Robert McNamara）協助改造福特公司。福特公司在第二次世界大戰後陷入虧損，需要一位「奇才」（whiz kid，這是套用亨利・福特的說法），把企業經營視為一門營運科學，由冷冰冰的統計法則所推動。

後來，麥克納馬拉在越戰期間出任美國國防部長時，把這項技能帶到華盛頓。他要求一切量化，每一項想像得到的戰時統計數據，都要每一天、每一週、每個月製作圖表追蹤進展。

但是，在福特公司實施有成的策略，移植到國防部時卻曝露一項缺陷。特種作戰司令部指揮官愛德華・蘭斯岱爾（Edward Lansdale）曾經檢視麥克納馬拉的數據。他說裡頭缺少一樣東西。

「少了什麼？」麥克納馬拉問。

「越南人的感受，」蘭斯岱爾回答。[2]

你無法將它簡化成一個統計數字或一張圖表。

這是管理越戰的核心問題。送到華盛頓的戰役統計數據，和涉入戰爭的當事人感受可能相差十萬八千里。

指揮美軍的威廉・魏莫蘭將軍（William Westmoreland）告訴參議員佛利茲・霍林斯（Fritz Hollings）：「我們現在的作戰是殲敵十、自損一。」霍林斯回答：「美國人民不在乎那十個，他們關心的是那一個。」[3]

據聞胡志明說得更露骨：「你們殺我們十個，我們殺你們一個，但是先累倒的是你們。」

圖表難以呈現事情的來龍去脈。

有些事情無比重要。它們無法量化或是難以量化。但是它們能夠讓世界改頭換面，而且它們之所以具備這種力量，通常正是因為它們無從量化，導致人們低估它們的關聯性，甚至否認它們的存在。

芝加哥大學的牆上刻著開爾文勳爵（Lord Kelvin）的名言：「如果你無法衡量，你的知識便淺薄而差強人意。」[4]

他沒有說錯，不過如果假定無法衡量的事物就無關緊要，那就危險了。事實恰好相反：世界上一些最重要的力量幾乎無法衡量、也無從預測，尤其是和人類性格與思維有關的力量。

貝佐斯曾說：「我發現，當聽聞和數據不一致，聽聞通常是正確的，有問題的是衡量方法。」[5]

我對這句話又愛又恨，因為我知道這是真話，但是又不希望它是真的。歷史上到處都閃耀著這句話的智慧光芒。

突出部之役（Battle of the Bulge）是美國史上傷亡最慘烈的軍事戰役之一。納粹德國對盟軍展開致命的最後一擊，僅只一個月就造成一萬九千名美國士兵陣亡、七萬名士兵受傷或失蹤。

這場戰役之所以如此腥風血雨，部分原因是它出乎美國人的意料之外。他們之所以驚訝，部分原因在於美國眾將軍根據理性思維分析，認為德國沒有理由進攻。

德國人沒有足夠的軍隊發動成功的反擊，而僅剩的兵力多半是十八歲以下、沒有戰鬥經驗的孩子。此外，他們沒有足夠的燃料；他們的食物即將耗盡；更何況比利時阿登森林（Ardennes Forest）的地形對德軍不利；而且天氣也很惡劣。

盟軍掌握所有的資訊，並且理性的認為，只要是有理智的德國指揮官都不會發動反攻。因此，美軍的防線部署相當薄弱，而且補給狀況不佳。

結果，砲火隆隆響起。德軍不顧一切的發動進攻。

美國將軍忽略希特勒已經喪心病狂。他不理性；他活在自己的世界裡，脫離現實、毫無理智。當德軍將領問到該從哪裡取得攻擊行動所需要的燃料，希特勒說他們可以從美軍那裡偷。現實狀況無關緊要。

歷史學家史蒂芬・安布羅斯（Stephen Ambrose）指出，德懷特・艾森豪（Dwight Eisenhower）與歐瑪爾・布雷德利（Omar Bradley）這兩位將軍在一九四四年後期對戰爭的規畫，所有推論與邏輯都正確，除了一個小細節沒有算到，那就是希特勒瘋狂的程度。

布雷德利的侍從官在戰爭期間提到：「如果我們是和理性的人打仗，他們早就投降了。」[6]但是他們不理性，而這件難以用邏輯衡量的事情，比任何事情都重要。

阿基巴爾德・希爾（Archibald Hill）每天早晨會去跑步，並且在七點十五分起跑。他很擅長跑步，他是優秀的運動員，也是好勝的賽跑者。

出生於一八八六年的希爾是英國生理學家，從許多方面來看都是完美的科學家，因為他的大半職涯都奉獻於解答一個他感興趣、也可以自己測試的問題：人可以跑得多快多遠？[7]

以我的身體，或你的身體，或希爾自己的身體來說，理論上我們能把自己逼到什麼樣的極限？這就是他想要解答的問題。

希爾早期研究的基本概念就是，跑步成績的極限取決於運動員的肌肉，而且主要是心臟。[8]如果我的心臟能夠比你的心臟輸送更多血液到跑步的肌肉，那麼我就能跑得比你快。這是可以明確測量的指標，而希爾以其在理解身體力學的部分研究，贏得一九二二年的諾貝爾生理醫學獎。

我們可以測量一個人跑步速度的極限，這個想法很合理。而且，在實驗室與測試跑道上，這個想法也多少可行。

但是，在真實世界的跑道，上演的卻是另外一套劇本。用希爾的計算結果預測誰是賽跑優勝者，幾乎沒有準確度可言。[9]

如果最佳的競賽運動員只是心臟最有力、輸氧能力最好的人，那麼誰能奪得勝利就是一目瞭然的事。

然而，事情沒那麼簡單。

優秀運動員的心臟或許比怠惰的懶人更有力。但是，心血管能力和運動成績之間的關係不是絕對，馬拉松與奧運短跑等競賽之所以讓人血脈賁張，原因也在於此。一流的運動員有時候會失常；比賽有時候也會竄出奪冠的黑馬。

希爾曾經堅信肌肉能力是唯一影響跑步成績的因素，但是現在他也傻眼了。[10]有人問他，他當初計算的運動能力數據，為什麼對於預測比賽優勝者沒什麼用，他答道：「說實話，我們計算這個不是因為它有用，而是它有趣。」[11]

不過，他最後還是摸索出一個道理，讓科學家對運動表現的看法就此改觀。運動表現不只關乎身體的能耐，也關乎你在某個時刻基於大腦願意承受的風險與報酬所擁有的能耐。

大腦的首要任務是確保你不會死亡。因此，除非是重要關頭，不然大腦會像汽車的調速器一樣，不讓你的能耐發揮到真正的極致，因為這可能會讓你精疲力盡到不堪一擊。如果報酬不值得冒險奮力拚搏，大腦會限制你的身體停留在一個比較低的「極限」水準。

人類在測試跑道上的體能極限和在奧運決賽場上不同，而在被斧頭殺人魔追著跑時或許也不同。

這一點有助於解釋一些不可思議的事件，像是有人被壓在車下動彈不得、性命垂危時，有人能徒手抬起車子救人。能力取決於當下的環境。

希爾早年曾經寫道：「人體是機器，能量的消耗可以精密衡量。」

後來，他對人類的表現發展出更細膩的觀點，他指出：「體育運動的內涵不只是純粹的化學。」

行為面與心理面難以衡量得多。

你永遠不會知道運動員真正的能耐，除非你讓他們置身於非常時刻，承受實驗室無法模擬的現實世界裡的壓力、風險與誘因。

希爾在因緣巧合之下和凱因斯的妹妹結為夫妻。

凱因斯這位英國經濟學家在研究中發現，經濟體不是機器。經濟體有靈魂、情緒與感覺。凱因斯稱之為「動物本能」（animal spirits）。

希爾也有同樣的發現，只不過對象是人體，他稱之為「道德因素」（moral factors）。人體不是機器，我們不應該期望人體像機器一樣運作。人有感覺、情緒與恐懼，這些因素都會調節我們的能力。

這些因素全都難以衡量。

投資人吉姆·格蘭特（Jim Grant）曾說：

> 如果有人認為普通股的價值完全取決於經過相關貼現率折算、邊際稅率調整後的公司營收，想必是忘記了人們曾經燒死女巫、一時衝動就發動戰爭、為史達林辯護，

還有相信奧森・威爾斯（Orson Welles）在廣播電台說火星人已經登陸地球的言論。

一直以來都是這樣，以後也永遠會是如此。

每一個投資價格、每一個市值不過是今天的數字乘上明天的故事。

這些數字容易衡量、容易追蹤、容易建構。隨著每個人都能以低廉的成本取得資訊，要算出一個數字也愈來愈容易。

但是，故事往往是人們的希望、夢想、恐懼、不安與派系關係的奇特投影。隨著社群媒體把情感訴求最強烈的觀點放大，故事也愈形奇特。

這股作用的力量有多強大，以下是幾個例子：

二〇〇八年九月十日，雷曼兄弟（Lehman Brothers）的營運狀況良好。第一類資本比率（衡量銀行承受損失能力的指標）為一一・七%，優於前一季，優於高盛，也優於美國銀行。和銀行業幾乎空前穩健的二〇〇七年時相比，這時雷曼兄弟擁有的資本更勝一籌。

七十二小時之後，雷曼兄弟宣告破產。

在這三天當中，唯一起變化的是投資人對公司的信心。昨天他們還對這間公司信心滿滿，購買它發行的債券；今天他們的信心就煙消雲散，資金也是。信心是唯一的重點。但是，信心難以量化、難以建構模型、難以預測，而且無法套用傳統評價模型做計算。

遊戲驛站（GameStop）的狀況正好相反。這間公司在二〇二〇年眼看就要倒閉，然後它在Reddit上掀起一股文化狂熱，股價隨之飆升，公司募得大量資金，二〇二一年時市值甚至一度達到一百一十億美元。

還是一樣：最重要的變數是人們告訴自己的故事。而這是唯一一件你無法衡量、也無法用先見之明來預測的事。這就是為什麼結果無法計算。

每當發生這樣的事情，你就會看到人們對世界如此偏離基本原理感到震驚與憤怒。不過，格蘭特是對的：世界一直以來都是這樣運作。

一九二〇年代讓人目眩神迷；一九三〇年代是一片純粹的恐慌；一九四〇年代的世界則瀕臨終結；從榮景到蕭條的劇碼在一九五〇年代、一九六〇年代與一九七〇年代一再重演；一九八〇與一九九〇是瘋狂年代；二〇〇〇年代就像電視的實境秀。

如果只依靠數據與邏輯解讀經濟，你會一路困惑個一百年。

經濟學家佩爾．比倫德（Per Bylund）曾經指出：「經濟價值是個簡單的觀念：只要是有人想要的東西都有價值，無論原因是什麼（如果有的話）。」

不是效用，無關獲利，純粹就是有沒有人想要，出於任何原因都可以。經濟體中有很多事物都根源於情緒，有時候幾乎無法理解。

在我眼中顯而易見的是，無法測量、無法預測、無法用試算表建構模型的那一件事，在商業與投資領域是最強大的力量，如同軍事上最強大的武力。同樣的道理也適用在政治圈、職場以及人際關係。很多事情都無法運算。

投資上經常看到的危險是，人們變得太像麥克納馬拉；他們如此執迷於數據，對自己的模型如此信心滿滿，無法容忍錯誤或意外。他們無法容忍事情變得瘋狂、愚蠢、無法解釋、還長期保持這種狀態。他們老是在問「為什麼會發生這種事？」，還期待得到理性的答案。更慘的是，他們總是錯把發生的事件當成自己應該要料到會發生的事件。

能夠長期持盈保泰的人都理解，現實世界是由一連串沒有盡頭的荒謬、迷惑、混亂關係，以及不完美的人類所組成。

要理解這個世界，就必須承認一些事情。

約翰．納許（John Nash）是有史以來最聰明的數學家之一，且曾經得過諾貝爾獎。他也是精神分裂症患者，大半輩子都深信外星人在向他傳送密碼訊息。西爾維雅．娜薩（Sylvia Nasar）在著作《美麗境界》（*A Beautiful Mind*）中記述納許與哈佛大學教授喬治．麥基（George Mackey）的對話：

> 「你一個數學家、一個獻身於推理與邏輯證明的人……怎麼會相信外太空生物向你發送訊息？你怎麼會相信外星人從外太空來找你拯救世界？你怎麼會……？」
>
> 「因為，」納許用他柔和、理智的南方腔慢條斯理的說：「對我來說，超自然生物的觀念形成一如我形成我的數學觀念。所以我認真把它們當一回事。」

接受有些事物無法運算的第一步，就是體認到創新和進步之所以出現，是因為這個世界何其有幸，能夠有思維和我們不同的人存在。

如果世界按照可預測、理性的方式運轉，那就太好了。但是持續的不確定性、誤解、無從得知人們下一步的行動等，才是真實的情況。作家羅伯特．葛林（Robert Greene）曾經寫道：「對確定性的需求是心靈上最嚴重的疾病。」我們因此而忽略，這個世界不是一張大型試算表，無法靠運算得出結果。如果每個人都認為世界遵守一套明確的理性法則，那麼我們將永遠一無所獲。

下一步是要接受，在一個人眼中的瘋狂，在另一個人看來可能合乎理智。如果每個人都有相同的期限設定、目標、抱負與風險容忍度，那麼萬事皆可運算。但是事情不是這樣運作。如果你是長期投資人，股價下跌五％就恐慌殺出是糟糕的做法；但是如果你是專業交易員，這是工作上的必要之舉。在這個世界上，你所看到每一項別人做的商業或投資決策，絕對不會和你對事物該怎麼發展的希望與夢想達成一致。

第三步是要理解誘因的力量。金融泡沫或許看似不理性，但是在泡沫化的行業裡工作的人，像是二〇〇四年的抵押貸款經紀人，或是一九九九年的股票經紀人，他們從泡沫裡撈到鉅額報酬，多到他們有強烈的誘因讓這件事持續下去。他們不只欺騙顧客，也欺騙自己。

最後一步是要知道，故事比統計數字更有力。「以中位數所得來看，房價現在高於歷史平均，通常會回歸均值」這句講的是統計數字。「吉姆炒房就賺到五十萬美元，現在可以提前退休，他太太覺得他超厲害」這句則是故事，在那當下更有說服力。

運算很困難，但這就是世界的運作方式。

在下一章我們會看到，生活就是有一種本事，能夠一幕換過一幕搬演荒誕的劇碼。

8

平靜會播下瘋狂的種子

瘋狂不表示搞砸。瘋狂很正常；
瘋狂過了頭也很正常。

貪婪與恐懼有一個極為常見的週期循環，就像這樣：

一開始你以為好消息永遠不會變。
然後你對壞消息渾然不覺。
然後你對壞消息視而不見。
然後你否認壞消息。
然後你因為壞消息驚慌失措。
然後你接受壞消息。
然後你以為壞消息永遠不會變。
然後你對好消息渾然不覺。
然後你對好消息視而不見。
然後你否認好消息。
然後你接受好消息。
然後你以為好消息永遠不會變。

現在我們回到起點。週期再次重複循環。

這個週期循環為什麼會發生，又為什麼永遠不會消失，我們現在就來深入探討。

一九六〇年代是科學樂觀主義時期。在此之前的五十年間，世界從馬匹與馬車進步到火箭，從放血治療進步到器官移植。

經濟學家因而受到激勵，致力於根除經濟衰退之害。如果人類能夠發射洲際彈道飛彈、能夠登陸月球漫步，那麼防止國內生產毛額（GDP）兩季負成長當然不在話下。

大半職涯都在聖路易華盛頓大學（Washington University in St. Louis）擔任經濟學家的海曼．明斯基（Hyman Minsky），對經濟盛衰循環的特性非常感興趣。他還認為根除衰退的想法是無稽之談，永遠都不可能。

明斯基提出一項開創性的理論叫作「金融不穩定假說」（financial instability hypothesis）。[1]

這項概念不強調繁複艱深的數學運算與公式。它描述的是一個心理過程，基本上像這樣：

- 經濟穩定時，人們變得樂觀。
- 人們變得樂觀時，就會負債。
- 人們負債時，經濟就會不穩定。

明斯基提出的關鍵觀念就是：穩定會造成不穩定。沒有衰退其實埋藏著下一輪衰退的種子，因此我們永遠無法擺脫衰退。他寫道：「在長期繁榮時期，經濟從構成穩定體系的金融關係，轉變為構成不穩定體系的金融關係。」

就像物理定律，當相信不會有事的信念愈來愈強，將把我們推向會出事的地方。這項道理適用於很多事情。

假設有個世界的股市永遠不會下跌，市場保證穩定，股價只會上漲。你會怎麼做？

你會拚命買股票，能買多少就買多少。你會拿房子去抵押，借錢買更多股票。你會考慮賣腎，拿錢去買更多股票。這才是合理的做法！

股價在過程中節節高升，估值也愈來愈貴，貴到未來潛在報酬率降到接近零。

就在那一刻，崩盤的種子開始發芽。

股價估值愈高，市場就愈敏感，愈容易被生活中想像不到的事物殺得措手不及。所謂的意外，有六項常見的特質：

- 資訊不完整
- 不確定性
- 隨機性
- 機遇性
- 時機不巧
- 誘因不良

由於資產價格高又沒有犯錯空間，市場岌岌可危，嗅到一絲不對勁就會崩潰。

諷刺的是，愈是保證不會崩潰的市場，或者更貼切的說，人們愈是認為市場保證不會崩潰的時候，市場愈可能崩潰。

光是「穩定」這個想法就會引發人們「聰明而理智」的行動，把資產價格抬高到足以造成不穩定的狀況。

穩定會造成不穩定。

或者，換個說法：平靜會播下瘋狂的種子。過去如此，未來也會是如此。

「不讀歷史的人無論看什麼都覺得是前所未見，」作家凱莉．海耶斯（Kelly Hayes）曾經寫道。[2]

這個想法實在太重要了。

歷史學家丹．卡林（Dan Carlin）也在著作《世界末日永遠近在眼前》（*The End Is Always Near*）裡寫道：

> 我們和早期人類最明顯的差異，幾乎莫過於疾病對我們的影響少很多……前工業時代的人類祖先長久面對的死亡率水準，我們現代人只要身處其境一年，就會陷入社會衝擊。[3]

整體而言，現代生活大致和過去一樣安全。過去一個世紀以來，所有的進步其實都來自傳染病減少。一九〇〇年，美國每年每十萬人大約有八百人死於傳染病。二〇一四年的數字降到每十萬人只有四十六人，減少了九四%。

這種衰退可能是人類有史以來最好的事。要是在這句話後面加個「但是」未免過分，因為這是全然的好事。

然而，這件好事衍生出一個異常現象。

隨著死於傳染病的人數下降，世界對傳染病的因應能力也因而變得薄弱，也許不是在醫學層面上防護力降低，但是在心理層面上肯定變得更無防備。[4]在一百年前是生活中悲慘但可預期的事情，放到現代生活卻是悲慘而不可思議的事情；這確實是造成新冠肺炎全球大流行之所以如此令人驚恐而無法招架的原因。

紐約市長艾德．科賀（Ed Koch）的前任演講撰稿人克拉克．惠爾頓（Clark Whelton）曾經寫道：

> 對於成長在一九三〇年代與一九四〇年代的人來說，傳染病的威脅稀鬆平常。流行性腮腺炎、麻疹、水痘與德國麻疹橫掃所有學校、城鎮；四種我都得過。小兒麻痺

每年造成大量傷亡，數千人（主要是兒童）因而癱瘓或死亡。那時沒有疫苗，傳染病的攻擊是成長過程躲不掉的關卡。5

相較於此，我這個世代，也就是我們這些出生後沒幾週就受惠於施打六種疫苗的人，簡直就像生活在另外一個世界。至於兩個世代之前的常態是什麼，我無法了解。

我猜想，如果新冠肺炎是在一九二〇年侵襲世界，它在史書裡應該只有一頁，不過就是一場致命的全球大流行病，夾雜在一長串常見的悲劇當中。但是，由於它發生在相對平靜的二〇二〇年，因此產生重大影響，重新塑造部分人們對病毒風險的看法。

這件事用明斯基的觀點來思考，變得耐人尋味。

過去五十年沒有出現全球大流行病，是否讓世界在面對新冠肺炎疫情時變得不堪一擊？傳染病死亡率下降，是否讓我們低估它在現代發生的可能性？

新冠病毒之所以危險，部分原因是我們上個世紀在預防全球大流行病方面做得非常好，所以在二〇二〇年之前，很少有人認為自己的生活會受到傳染病的衝擊。這件事很難理解。於是，當全球大流行病來臨，人們完全沒有準備。美好時光的弔詭就在於，它正是孕育自滿心態以及滋養對警示存疑的思想的溫床。

多年來，流行病學家一直提出警告，可能會發生新冠病毒疫情之類的事件，但是大多數人都充耳不聞，大眾認為流行病只會出現在歷史書裡，或是發生在世界上其他地方。如果有人以為他們已經擊倒某種風險，你很難讓他們相信那種風險會威脅他們。

二〇二〇年時，美國國家衛生官員協會（National Association of Health Officials）執行長羅利．費里曼（Lori Freeman）表示：「公共衛生部門善盡職責之時，也成為受到攻擊的對象」，人們會針對預算開鍘。6

平靜會播下瘋狂的種子。這種情況時常發生。

一個常見的諷刺情況就像這樣發展：

- 多疑生成功，因為多疑讓你小心翼翼。
- 但是多疑也會帶來壓力，因此你一旦成功，很快就會丟棄多疑的思考方式。
- 現在你已經放棄讓自己成功的關鍵，並且開始走下坡，而這時你的壓力會更為沉重。

這種情況在商業、投資、職場、人際關係等領域都會發生，而且四處可見。

心理學家卡爾・榮格（Carl Jung）有一項理論名叫「反向轉化」（enantiodromia），講的就是物極必反的觀念。

我來舉一個大自然界的例子。

二〇一〇年代中期，加州發生世紀大乾旱。但時序進入二〇一七年，卻出現破天荒的降水量。太浩湖有些地方的降雪量在短短幾個月內就超過六十五英尺（約十九・八公尺），這個數字可不是我胡謅的。六年的大旱就此宣告終結。[7]

你以為那是天大的好事，但它卻出現意想不到的反作用。

二〇一七年破紀錄的降雨量，導致當年夏季的植物生長也破紀錄，稱為「超級盛綻」（superbloom），連沙漠城鎮都是一片綠意盎然。[8]

二〇一八是乾旱年，因此所有植物都死亡，成為乾燥的引燃物，結果導致加州幾場空前嚴重的野火。

也就是說，破紀錄的降雨量導致破紀錄的大火。

這種現象歷史悠久，可以透過觀察樹木的年輪得到驗證：年輪刻畫著大雨以及隨後發生火災的痕跡。旱澇息息相關。美國國家海洋暨大氣總署（National Oceanic and Atmospheric Administration）寫道：「澇年可以減少火災、增加植物生長，但是增長的植物會在之後的旱年乾枯，因而增加引火燃燒的燃料。」[9]

這樣的發展一點也不符合直覺，不過我要再次強調：平靜會播下瘋狂的種子。

平靜會播下瘋狂種子的重要影響是：我們因此從根本上低估事情出錯的可能性，並且輕忽出錯的後果。事情會在人們認為最安全的時候變得最危險。

威爾．史密斯在奧斯卡頒獎典禮的舞台甩了克里斯．洛克（Chris Rock）一巴掌，事件發生之後，他向丹佐．華盛頓（Denzel Washington）尋求建議。丹佐說：「當你身處於巔峰時刻，務必小心。魔鬼就是在這種時候找上你。」

最後來談一下為什麼凡事都有失控的傾向。樂觀與悲觀總是會在看似合理的事物上過度反應，而這是因為要探知可能性的極限，唯一方法就是稍微踰越極限一點點。

傑利．賽菲德做出最受歡迎的電視節目。然後，他就不做了。

他後來表示，節目之所以在蒸蒸日上時喊停是因為，若想知道巔峰在哪裡，唯一辦法就是歷經衰退，他不想那樣。這部電視劇也許還能繼續往上走，也許不能。就算不知道答案，他也覺得沒關係。

經濟與市場衝破理智的界限，從繁榮跌落蕭條、從泡沫化為崩潰的歷史漫長悠久，如果你想知道怎麼會這樣發展，原因就是很少人抱持像賽菲德那樣的心態。我們非得知道頂點在哪裡不可，而找到頂點的唯一辦法就是繼續推進，一直到走過頭後，我們才會回頭看，然後說：「啊，我猜那就是頂點。」

股價是否被高估？比特幣有多少價值？特斯拉的股價能衝多高？這些問題都無法用數學公式回答，而是取決於有人在某個時刻願意付多少錢；這會顯示出他們的感受、他們想要相信的事物，還有講故事的人有多少說服力。故事一直在變，無法預測，一如你無法預測自己三年後的心情。

只要某項投資可能有上漲的潛力，世界上就會有人做測試、找答案。相較於人們追求致富的胃口，輕鬆而明顯的機會在數量上只能塞塞牙縫。因此，如果你立起看板寫著「這個盒子裡可能有個機會」，就一定會有人打開盒子。也就是說：我們非得找到頂點在哪裡不可。

這就是為什麼市場不會停留在理智的限度內，還有為什麼市場總是過度悲觀或是過度樂觀。

它們非得如此不可。

要確認市場所有的潛在機會都已經耗盡，也就是要知道頂點在哪裡，唯一的辦法就是把市場推過頭。而且，不但要推到數字不再合理的地步，還要推到脫離人們相信這些數字所講的故事的程度。

當輪胎公司開發出新輪胎後想要知道它的極限，很簡單。只要裝到汽車上，然後一直跑到爆胎。當市場迫切想要知道其他投資人能夠承受的極限時，做法也是一樣。

一直都是這樣，永遠都會是這樣。

你只有兩項對策。

一是接受瘋狂不表示搞砸。瘋狂很正常，瘋狂過了頭才是正常。

每隔幾年似乎就會有人宣告市場失效，說它充斥著投機的操作，或是已經完全脫離基本面。不過，事情一直都是這樣發展。人們不是失去理智，只是在尋找其他投資人願意相信的界線。

第二項對策是體認到適可而止的力量，向賽菲德看齊。有人問投資家查馬斯・帕利阿皮蒂亞（Chamath Palihapitiya）如何賺取最高報酬，他說：

我想要的其實是每年一五%的複利成長。因為如果我可以十五年都達標，成果也一樣可觀。困難的問題要緩慢而穩定的去解決。[10]

或許市場還有更多潛力，但是你可以說：「你知道嗎？我很滿意這樣的風險水準。在場邊當個觀眾，我也覺得沒關係。」不是每個人都能做到這一點，市場通常也做不到這一點，不過，我們當中應該要有更多人去嘗試看看。

下一章，我們要討論另一個瘋狂的難題：人人都想把好東西變大、變快。

9

太多、太急、太快

好主意衝過頭，很快就會變成爛主意。

巴菲特有一次開玩笑道，九個女人懷胎一個月，加起來也生不出一個小孩。

不過，你會驚訝的發現，人們會想方設法加快事情的進程，甚至快到它無法負荷的程度，而且這種情況非常普遍。

人只要一發現有價值的東西，特別是獲利豐厚的投資標的或特殊技能時，通常會問：「很讚，不過我可以更快得到這一切嗎？」我們可以加倍努力嗎？我們可以把規模加倍嗎？我們可以再多榨取一些東西出來嗎？

這是一個再自然不過的問題，也可以理解。

但是，把有價值的事物推進得太過頭、想辦法讓它走得太快，同時又要求太多，這種行為由來已久。

大部分事物都有自然發展的規模與速度，如果踰越限度，很快就會適得其反。

——

我來講一個關於羅伯特．瓦德羅（Robert Wadlow）的故事。他身材高大，是目前所知長得最高的人。

由於腦下垂體異常，旺盛的生長激素讓瓦德羅的身體抽高到驚人的高度。他七歲時身高六英尺（約一百八十三公分），十一歲時長到七英尺，而在二十二歲去世時，身高只差一英寸就滿九英尺，體重五百磅（約兩百二十七公斤），穿美國尺碼三十七號的鞋子。他的手掌也有一英尺寬。

在小說當中，像他這樣的人會被描繪成超人運動員，能夠比一般人跑得更快、跳得更高、舉起更多重量、打敗更多壞人，如同活生生的美國民間故事角色巨人樵夫保羅・班揚（Paul Bunyan）。

但是，瓦德羅的真實生活根本不是這樣。他的雙腿需要安裝鋼架才能站立，需要拐杖才能行走。他走起路來和瘸子差不多，一跛一拐，十分吃力。在瓦德羅留下為數不多的影片裡可以看到，他的動作緊繃而笨拙。他很少獨力站立，通常倚靠著牆作為支撐。他的雙腿承受極大的壓力，以致於他在臨終前，膝蓋以下已經幾乎沒有感覺。如果瓦德羅活得更久，而且繼續成長，日常行走就會讓他腿骨骨折。他喪生的真相幾乎同樣令人嘆息：以瓦德羅龐大的體型，為了讓血液循環全身，心臟的負擔很沉重，因此他的腿部血壓很高，最終引發潰瘍，造成致命的感染。

人類的體型與身體機能無法同時增加三倍，這不符合力學。大型動物的腿部通常矮短又粗胖（如犀牛），或是相對於軀幹來說腿部特別長（如長頸鹿）。以人體結構來說，瓦德羅的身材過於高大。規模的擴展有其極限。

在瓦德羅之前的時代，英國生物學家霍爾丹（J. B. S. Haldane）曾經解釋，這樣的規模限制問題適用於許多事物。[1]

跳蚤可以跳兩英尺（約六十一公分）高，人類運動員大約可以跳四英尺。但是，假使跳蚤長得和人類一樣高，也無法跳數千英尺高，規模不會像那樣等比放大。長大的跳蚤承受的空氣阻力遠遠大得多，而跳躍一定高度所需的能量與體重也會呈正比。霍爾丹推測，如果跳蚤長到正常體型大小的一千倍，跳躍高度或許可以從兩英尺增加到六英尺。

當一個人渾身濕淋淋的從浴缸起身，身上滴下的水可能有一磅重（約四百五十公克），這沒什麼大不了。可是，一隻渾身濕透的老鼠身上承擔的水量，會和牠的體重相同；而一隻濕透的蒼蠅會有如被釘死在地面，一動也不能動。相同的行為，體型不同，所產生的問題就截然不同。

「每種動物都有它最適合的體型，體型的變化不可避免會帶來形態的變化，」霍爾丹寫道。

沒錯，最適合的體型。

美國股市：持股期間與獲利比例

1871～2018年，數字經股利與通膨調整。

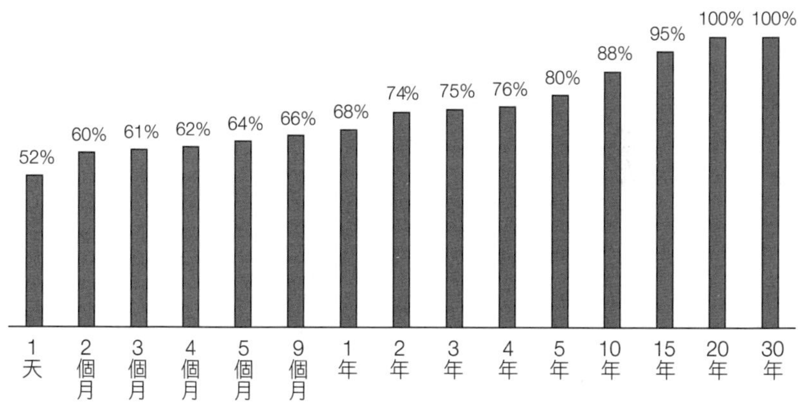

這是事物運作順暢的適當狀態，但是如果你嘗試縮放到不同的規模或速度，一切就會分崩離析。

這個道理適用於生活中許多事物。

——

投資史可以用一句話作為總結：從長期來看，股票能帶來利益，但是如果你想要更快獲得報酬，就會遭受懲罰性的損害。

上圖是投資人在美國股市的持股時間與獲利比例。[2]

觀看這張圖表的一個思考角度是，市場有個「最適合」的投資期間，可能是十年左右或更長期間。在這段期間，你的耐心幾乎一定能得到市場的回報。投資期間愈是壓縮，就愈要靠運氣，也愈容易遭遇損害。

如果你去看歷史上的各種投資失誤，我可以告訴你，其中至少有九〇%是因為投資人想要壓縮這個自然又「最適合」的持有期間。

企業也會犯同樣的毛病。

一九九四年，成立二十三年的星巴克有四百二十五間門市。在一九九九年，它有六百二十五間新門市開張。二〇〇七年時，它的展店速度是每年新開兩千五百間門市，相當於每四小時就冒出一間新的星巴克。

事有因果、環環相扣。實現成長目標的需求最終排擠掉理性分析。星巴克展店飽和的例子成為笑話一則。在經濟整體蓬勃發展之際，星巴克的同店銷售成長卻下跌一半。

二〇〇七年時，霍華・舒茲（Howard Schultz）在寫給高階主管團隊的信裡說道：「為了從不到一千間門市拓展到一萬三千間門市，我們不得不做出一系列決策，現在回顧起來，這些決策弱化了星巴克的體驗。」[3]二〇〇八年，星巴克關閉六百間門市，解雇一萬兩千名員工。它的股價下跌七三%，即使用二〇〇八年的標準來看，這個數字也很恐怖。

舒茲在他二〇一一年的著作《勇往直前》（*Onward*）中寫道：「我們現在深刻的體

會到，成長不是策略，而是戰術。當沒有紀律的成長成為策略，我們就會迷路。」

星巴克有一個最適合的營運規模，而且所有企業都有。一旦超過規模限制，你會發現營收金額或許會擴大，但是失望顧客的人數增加得更快，一如瓦德羅長成巨人但是舉步維艱。

輪胎大王哈維．費爾斯通（Harvey Firestone）深諳此理，在一九六二年時寫道：

> 一次拿下全部生意並不划算。第一，你拿不下來，因此很多錢都是浪費。第二，如果你拿了下來，工廠也吃不下來。第三，即使你拿了下來，也無法一直拿在手上。一間業務拓展得太快的企業，就像一個錢來得太快的男孩。[4]

企業合併也經常陷入同樣的陷阱。當管理階層希望的企業成長速度，高於顧客認為業務成長應有的速度時，通常就會發生經由企業併購來實現成長的狀況。顧客的期望可能更接近企業「最適合」的規模，而靠著硬塞強撐來超過限度，將會帶來各種失望。

納西姆．塔雷伯說，他在聯邦層級是自由主義者，在州層級是共和黨人，在地方層級是民主黨人，在家庭層級是社會主義者。當群體規模從四個人到一百人、十萬人、一億人時，處理風險與責任的方式也會截然不同。

企業文化也是如此。在一間十人公司發揮優異績效的管理風格，可能會摧毀一間千人公司；對於一些在短短幾年內快速發展的企業，這是付出慘痛代價才學得到的教訓。優步（Uber）前執行長崔維斯・卡蘭尼克（Travis Kalanick）就是一個很好的例子。在公司起步之時，只有他能夠推動事業成長，其他人都不行；然而隨著營運步入成熟，公司誰都需要，就是不需要他。我不認為這是缺陷，它只不過反映出有些事情就是無法擴大規模。

自然界有無數類似的例子，大部分都凸顯一件事：好主意如果加速過快，很快就會變成一個爛主意。

——

大部分樹苗都是在母樹的遮蔭下度過最初幾十年。因為日照受限，所以成長緩慢。成長緩慢就會產生密度高、質地堅硬的木材。

但是，如果在空曠田野裡種樹，就會出現一個有趣的現象：沒有大樹遮蔽，樹苗在陽光下迅速成長。

成長快速的木材沒有時間增加密度，因此質地柔軟而疏鬆。質地柔軟而疏鬆的木材是真菌與疾病的溫床。「長得快的樹，腐爛得也快，因此永遠沒有機會變老，」護林人彼得．沃勒本（Peter Wohlleben）寫道。欲速則不達。[5]

再以動物的生長為例。取兩組同樣的小魚，一組放進異常低溫的水中，另一組放入異常高溫的水中。當兩邊都各自保持如此異常的溫度，會出現有趣的現象：在低水溫裡成長的魚，生長速度會比正常情況來得慢，在高水溫裡成長的魚，生長速度則是比較快。

接著，把兩組魚都放回正常溫度的水裡，牠們都會長成一般、體型正常的成魚。

但是，後來的發展令人驚異。幼時生長緩慢的魚，壽命比平均壽命長三〇％。那些在幼時經過人為強力刺激而快速成長的魚，壽命比平均壽命縮短一五％。

這是格拉斯哥大學（Glasgow University）生物學家團隊的發現。[6]

原因並不複雜。就像生物學家所言，超速成長可能導致組織損傷，「而且只有挪用原本用來維護與修復受損生物分子的資源，生物才得以超速成長」。緩慢成長的作用恰好相反，「可以增加維護與修復的資源配置」。

參與研究的尼爾．梅特卡夫（Neil Metcalfe）表示：「你或許能料到，相較於有條理而仔細組裝的機器，倉促拼湊的機器更快故障，而我們的研究顯示，這個道理也適用於人體。」

唯有在成長過程中最終能夠汰弱留強，成長才是好事。強迫成長、加速成長、人為助長的成長，往往將會適得其反。

——

作家羅伯特．葛林寫道：「創造力的最大阻礙是沒耐心，以及對加速進程、追求表現、一舉成名的那股近乎無法擋的渴望。」

本章主題的一項重點在於，生活中最重要的事物，從愛情到職涯、再到投資，都是因為兩件事而有價值：耐心與稀缺。讓事物成長的耐心，以及長成後讓人欣羨的稀缺。

但是，人們追求重要事物的時候最常用的兩類戰術是什麼？想辦法讓速度更快、規模更大。

這向來是一道難題，永遠都是個難題。

一如既往。

在下一章，我們要探討另一個恆久不變的主題：人們如何、在什麼時候，以及為什麼尋找動機。

10

當魔法出現時

壓力讓人聚精會神，
這是順境無法觸發的反應。

有一項貫穿歷史、恆常不變的真理是，最劇烈的變化與最重要的創新，不會出現在人人滿意、萬事順利之時，反而往往是在可怕事件發生的期間或之後現身。那是當人們有點驚慌、震驚、擔憂，以及不迅速採取行動後果將難以承受之時。

——

三角成衣廠大火（Triangle Shirtwaist Factory fire）是紐約市史上最慘重的悲劇事件之一。[1]

一九一一年三月二十五日，一間成衣廠發生火災，工廠內有數百名員工，大部分都是移民婦女，其中許多是青少年，沒有幾個人超過二十二歲。

不到幾分鐘，工廠就幾乎被火海吞噬。

消防隊員很快就趕到現場。但是雲梯只能上到六樓，距離那些無助的工人所在的位置還差四個樓層。

「每個人都在跑，想要逃出去，」火災倖存者貝絲．科恩（Bessie Cohen）說。驚慌失措的工人擠在大樓窗口，尋求最後幾口氧氣。

在下方的街道上，圍觀的人群開始聚集。他們接下來目睹的畫面，沒有人會忘記。

一名路人說，有東西從大樓掉下來，重重摔在地上，看起來像是一捆燃燒的舊衣。

另一個路人說，一定是有人為了阻止火勢，把燃燒的衣物丟出窗外。

隨著落地撞擊聲愈來愈多，大家才發現原來那是工廠工人跳樓墜地死亡的聲音。

一開始是一個人，然後又多幾個，後來變成幾十個人。

一名目擊者如此形容當時的情景：「咚—死掉了、咚—死掉了、咚—死掉了、咚—死掉了……。」[2]

工廠為了防止工人在規定外的時段偷懶休息，把廠房的門與防火逃生梯上鎖。當貨梯停止運轉，跳樓成為逃離煉獄的唯一出口。

「我的朋友朵拉（Dora）也是其中之一，她是個漂亮的小女孩，」科恩回憶道：「我還記得她跳下去之前臉上的神情。」

這齣悲劇從頭到尾不到三十分鐘，造成一百四十六名工人死亡。

那天傍晚，在下方街道目睹火災的法蘭西絲·柏金斯女士（Frances Perkins）向記者描述她看到的情況。

「他們三兩成群，抱著不顧一切的最後一絲希望一起往下跳，」柏金斯說：「救生網破了。消防員不斷大喊，叫他們不要跳。但是他們沒有選擇，火舌就在他們身後。」

三十年後，柏金斯受小羅斯福總統任命為勞工部長，成為第一位女性總統內閣官員。

在三角成衣廠大火現場目睹的情景，讓柏金斯與無數的人驚嚇不已，同時驚覺到，如果員工的工作條件改善，甚至簡單到像是逃生梯與廠房的門不上鎖，就可以避免死亡。於是，柏金斯與無數人們把餘生奉獻於爭取勞工權利。

柏金斯寫道：「我們受到強烈的罪惡感所驅使而團結一致，要防止這種災難再次發生。」她稱之為「一記永誌不忘的警鐘，提醒我為什麼必須用一生對抗可能導致這種悲劇發生的境況」。

從許多方面來看，三角成衣廠大火悲劇都是改變二十世紀勞工權利運動的開端。

大火發生後將近半個世紀，回顧往事，柏金斯表示，小羅斯福新政的精神始於一九一一年三月二十五日，也就是三角成衣廠大火發生的那一天；而新政是在一九三〇年代實施，以勞工權利為核心，重塑美國經濟的經濟政策。

壓力、痛苦、不安、震驚與厭惡等，儘管有種種悲慘的陰暗面，卻也是魔法出現的契機。

汽車與飛機是現代的兩項重大發明。

不過，在它們問世早期，有一件事說來有趣。

當時很少有人看著早期的汽車說：「噢，它可以載我通勤上下班。」

當時很少有人看著飛機說：「啊哈！我下次可以搭它去度假。」

人們花費數十年才看到汽車與飛機的這些潛力。

早期人們問的是：「我們可以在上面安裝機關槍嗎？我們可以從裡頭丟炸彈嗎？」

在汽車業以外，阿道夫斯・格里利（Adolphus Greely）是最早意識到「無馬馬車」用途的人之一。官拜准將的格里利在一八九九年採購三輛汽車，供美國軍方進行試驗，時間比福特 T 型車問世還早將近十年。

《洛杉磯時報》（*Los Angeles Times*）剛開始報導汽車的新聞時，有一次這樣描述格里利將軍採購的物品：

> 它可以運輸機槍等輕型火砲。它可以運載裝備、彈藥與補給物資；可以把傷者運送

到部隊後方；而且總體來說，它也具備現在騾子與馬匹提供的大部分功能。

九年後，萊特兄弟（Wilbur and Orville Wright）接受《洛杉磯時報》的採訪，談到他們對新型飛行器的展望：

他們認為，飛船的效用在於戰爭時期可以作為偵察工具的優勢。他們不想把自己的發明賣給私人企業，而是希望華府的戰爭部門能採納它。

萊特兄弟如此深信不是沒有原因。他們早期唯一真正的顧客，也就是唯一對飛機有興趣的一群人，就是美國軍方，軍方也在一九〇八年採購了第一架「飛行器」。軍方早期對汽車和飛機的興趣不是出於僥倖的先見之明。如果你逐一檢視各項重大創新，都會看到軍方的影子一再出現。

雷達。

原子能。

網際網路。
微處理器。
噴射機。
火箭。
抗生素。
州際高速公路。
直升機。
全球定位系統（GPS）。
數位攝影。
微波爐。
合成橡膠。

這些創新不是直接來自軍方，就是深受軍方影響。

為什麼？

軍方是一流科技遠見人士的大本營嗎？還是才華頂尖工程師的搖籃呢？

或許是吧。

不過，更重要的是，軍方是因應「必須立刻解決的重大問題」的大本營。

誘因是創新的原動力，而誘因形形色色。

一方面是「如果我不解決這個問題，可能會被炒魷魚」，這會讓你的大腦動起來。

另一方面是「如果我解決這個問題，或許可以幫助人，還能賺很多錢」，這就能擦出創意的火花。

然後就是軍方要應付的問題：「如果現在不解決這個問題，我們都會死，希特勒可能會統治全世界」，這能在史上最短的時間內，引爆最不可思議的解決辦法與創新。

歷史學家佛德烈克．路易斯．艾倫描述，在第二次世界大戰期間突飛猛進的科學進展：

> 戰爭期間，實際上政府透過科學研發辦事處（Office of Scientific Research and Development）與其他機構一直不斷在傳遞的想法是：「某項發現是否有可能具備戰爭上的價值？如果有，那就儘管放手開發、實際運用。去他的成本費用！」[3]

軍方是創新的引擎，因為他們處理的問題有時候極其重要、緊急又攸關重大，以至於預算與人力都不成問題，相關人員也以承平時期難以複製的方式通力合作。

如果一方是想辦法吸引網友點擊廣告的矽谷程式設計師；另一方是參與曼哈頓計畫（Manhattan Project）的物理學家，要想辦法結束一場攸關國家存亡的戰爭；兩者的誘因根本無法相提並論，甚至連能力也沒得比。

同樣一群智力相同的人，身處不同的環境時，潛力截然不同。而能產出重大創新的環境，正是那些能讓人們焦慮、恐懼並渴望採取行動的環境，因為他們的未來取決於此。

Shopify 創辦人陶比．呂克（Toby Lütke）說：「一切順風順水的時候，沒有任何人事物能鍛鍊出真正的韌性。」[4]

「對挫敗反應過度所釋出的過剩能量，就是創新的動能！」塔雷伯寫道。壓力能讓你聚精會神，這是順境無法觸發的反應。壓力會消除拖延與猶豫不決，直接把你必須做的事塞到你眼前，逼得你別無選擇，只能立刻卯足全力、急起直追。

第二次世界大戰期間，一位匿名的美國士兵接受報社訪問。對方問他戰鬥時在想什麼，他答道：「我希望自己能保持恐懼，因為這是保住性命、不會粗心大意犯錯的最佳之道。」

這是非常好的建議，也是明智的洞見，同時適用於很多事物。

——

一九三〇年代如同災難，是美國歷史上最黑暗的時期之一。

一九三二年，將近四分之一美國人失業，股市跌掉八九％。

這兩起經濟事件是當時十年間的關注焦點，而且理應如此。

但是，一九三〇年代還有另外一面，很少有人提及：迄今為止，這是美國歷史上最具生產力、技術最進步的十年。

一九三〇年代的人們解決的問題數量多不勝數，還發現各種方法來提升製造與建造效率，大眾卻忘得一乾二淨，但這正是二十世紀得以如此蓬勃發展的原因。

數字會說話：總要素生產力（total factor productivity）指的是經濟體的經濟產出相對於工時與投入資金金額的比例，當時的數值達到空前的高點。

經濟學家亞歷克斯・菲爾德（Alex Field）寫道，相較於一九二九年，美國在一九四一年的經濟產出足足增加四〇％，而且總工時幾乎沒有增加。[5]每個人的生產力高得出奇。

這段期間內發生的某些事情值得關注，因為它們能解釋這個現象的成因。

以汽車為例。一九二〇年代是汽車時代，美國道路上行駛的汽車數量，在一九一二年是一百萬輛，到一九二九年劇增為兩千九百萬輛。

不過，道路的狀況卻是另外一回事。在一九二〇年代，汽車銷售的速度超過道路建設的速度。

到了一九三〇年代，情況出現轉變：在因為新政而成立的公共工程管理局（Public Works Administration）推動下，道路建設開始起飛。

道路建設支出在一九二〇年僅占GDP二%，一九三三年卻上升至超過六%；相較之下，今日還不到一%。公路運輸部（Department of Highway Transportation）如此描述建設計畫啟動之迅速：

> 一九三三年八月五日，猶他州（Utah）依法啟動第一項高速公路計畫。截至一九三四年八月，總共完成一萬六千三百三十英里（約兩萬六千兩百八十公里）的新公路。[6]

道路建設對生產力的影響難以估量。比方說，賓州收費公路（Pennsylvania Turnpike）把匹茲堡市（Pittsburgh）到哈里斯堡市（Harrisburg）的路程時間縮短七〇%。一九三三年啟建的金門大橋（Golden Gate Bridge）為馬林郡（Marin County）打開門戶，在此之前，人們只能從舊金山搭渡輪前往馬林郡。

這些飛躍發展在全美國遍地開花，一九三〇年代因而成為美國交通運輸蓬勃發展的十年。這是百年鐵路網得以真正發揮效率的最後一環，創造出連結世界的最後一哩路。

電氣化也在一九三〇年代急劇發展，特別是一九二〇年代沒搭上城市電氣化列車的美國鄉村地區，改變更是巨大。

因為新政而成立的鄉村電氣化管理局（Rural Electrification Administration，縮寫為REA）把電網鋪進農場，對於在這十年間經濟遭受重創的地區而言，這可能是唯一的正向發展。美國鄉村家庭電氣化的比例在一九三五年不到一〇%，到一九四五年增加到將近五〇%。

說來或許難以想像，不過就在不久之前，美國大部分地區是名副其實的黑暗無光；甚至我們當中某些人生命中的某段時間，以及我們大部分人的祖父母一生，都處於黑暗之中。小羅斯福總統在一場演講裡提到鄉村電氣化管理局的工作：

> 電力不再是奢侈品。它是絕對的必需品……在我們家裡，它不只提供照明，還能透過無數方式成為家中任勞任怨的僕人（willing servant）。它能減輕家庭主婦的負擔，也能減輕辛苦農民肩上的重擔。[7]

電力成為「任勞任怨的僕人」，把洗衣機、吸塵器與冰箱帶進住家，釋出家務勞動時間，提高女性的勞動參與率。這股趨勢持續超過半個世紀，是二十世紀經濟成長與性別平權的關鍵驅動力。

一九三〇年代的另一波生產力陡升，來自市井小民迫於無奈，日常生活中必須精打細算。

第一間超市在一九三〇年開幕。傳統的食物採買方式是走到肉舖，讓肉販從櫃檯後方切肉給你；再到麵包店，師傅從櫃檯後方拿麵包給你；接著到蔬果攤，要買什麼就直接告訴攤販。當全國有四分之一人口失業時，把所有東西放在同一個地方，任顧客自由挑選，才是讓食物銷售達成經濟效益之道。

自助洗衣店也是一九三〇年代的發明，在洗衣機銷售量下降之後出現；它們的市場定位是洗衣機租賃公司。

各種工廠眼看銷量慘淡，於是問道：「我們要怎麼做才能生存下去？」答案通常是參考亨利．福特（Henry Ford）在前一個十年推廣到全世界的裝配線生產流程。

在一九二〇年代，工廠每小時的產量增加二一％。「一九三〇至一九四〇年遇到經濟大蕭條，許多工廠倒閉或縮短營運時間，」佛德烈克．路易斯．艾倫寫道：「就在這個效率與經濟面臨沉重壓力的時期，產量出乎意料之外增加達四一％。」

「經濟大蕭條的重創沒有減緩美國在發明上的速度，」經濟學家羅伯特．高登（Robert Gordon）寫道：「真要說有什麼改變，那就是創新的步調加快。」[8]

一九三〇年代有更多年輕人因為沒有其他事情可做而留在學校，反倒推動知識型工作的發展。在經濟大蕭條期間，高中畢業率激增，一直到一九六〇年代才再次出現同樣的數字水準。

更優良的工廠、嶄新的觀念、受過教育的勞工等所有條件，在美國於一九四一年參戰並成為盟軍的製造工廠時，變得至關重要。

最重要的問題是，如果沒有經濟大蕭條造成的破壞，是否會出現一九三〇年代的科技大躍進。

我認為答案是「不會」，至少不會有這樣的盛況。

如果經濟不是殘破到大家拚命想方設法修補，新政這樣的計畫永遠不可能推動。要不是營運遭遇空前的失敗威脅，很難說企業主與創業家是否還會如此急迫的尋求效率。

經濟繁榮、前景光明時，你聽不到主管看著員工說：「試一下新事物。丟掉工作手冊，我不在乎。」

只有迫不得已，才會出現重大而快速的變革。第二次世界大戰在一九三九年開戰時，人們是在馬背上打仗，一九四五年則因為核分裂技術而結束戰爭。一九五八年時，美國在蘇聯發射人造衛星史普尼克（Sputnik）兩週後設立NASA，短短十一年便登陸月球。如果沒有恐懼的驅使，這樣的事情很少會那麼快實現。

商用飛機也是一樣。如今的飛航之所以那麼安全，是因為每次事故之後會有一段密集學習與修正的過程，以降低未來發生類似事故的可能性。

二〇〇〇年代也發生過同樣的事情。二〇〇八年的石油衝擊導致油價飆升，石油公司因而有動機尋求鑽探技術的創新，進而使美國石油產量創下歷史新高。如果沒有之前的危機，還會出現這股創新熱潮嗎？我可以肯定幾乎不會。

新冠疫情期間也是如此。跨世代的風險與恐慌，促成新疫苗以驚人的速度完成研發與製造。

在第二次世界大戰期間擔任美國科學研發辦公室（U.S. Office of Scientific Research and Development）主任的范尼瓦爾．布希（Vannevar Bush）提出一項有爭議的論點：戰爭促成的醫療進步（特別是抗生素的製造與使用）所拯救的生命，可能多過在戰爭中喪失的生命。

在危機發生當下，我們很難想像得到有這種好事。但是，歷史一再顯示，好事確實會發生。

由壓力所引發的創新有明顯的限制。

有助益的壓力和會造成崩壞的災難之間有一股微妙的平衡力量。災難會阻礙創新，因為它不但會消耗資源，還會讓我們轉移關注的焦點，不再著眼於如何脫離危機，而是只求在危機中倖存。

或許同樣重要的是，人在過好日子時會發生什麼事。財富豐厚、前景光明、責任輕鬆、威脅似乎消失，像這樣萬事順遂之時，人會出現最糟糕、最愚蠢、最沒有生產力的行為。

理查・尼克森總統（Richard Nixon）有一次說到他的觀察：

> 生活在法國南部海岸、紐波特（Newport）、棕櫚泉（Palm Springs）與棕櫚海灘（Palm Beach）等國際知名戲水城市的人，是全世界最不快樂的人。他們每天晚上參加宴會，每天下午打高爾夫球；酒喝得過度，話說得太多，腦筋動得太少。接著就退休。生活毫無目標。
>
> 雖然有人完全不贊成這種看法，還說：「啊，如果我是百萬富翁就好了！那會是最棒的事。」他們認為要是可以每天不工作，要是可以出門釣魚、打獵、打高爾夫球或是旅行，那會是世界上最美妙的生活；這樣想的人不懂人生的道理。因為生活要有意義，就要有目的。為了一項目標而作戰、奮鬥，即使打不贏也沒有關係。[9]

企業家安德魯・威爾金森（Andrew Wilkinson）也呼應同樣的觀點：「大部分成功人士不過是被生產力牽著走的焦慮症患者。」[10]

投資人派崔克・歐蕭尼西（Patrick O'Shaughnessy）寫道：「根據我的經驗，我所遇到最有能力的人們，很多都不能用『快樂』來形容。事實上，或許有更多人可以用『飽受折磨』來形容。」[11]

恐懼、痛苦、掙扎是正向情緒永遠無法匹敵的動力。

那是從歷史總結而來的重要啟示，讓我們認知到一個恆常為真的領悟：**務必小心你許的願**。

等到你發現無憂無慮、沒有壓力的生活是動力與進步的阻礙時，它就不再看似那麼美好。沒有人會因為困境而歡呼喝采，我們也不應該這樣做，但是我們應該體認到，困境是解決問題最有用的燃料，它既是我們今天享受到的一切好處的根源，也是我們明天享受得到的好處的機會種子。

接下來要講的故事是德懷特・艾森豪總統最糟糕的一天，以及奇蹟與災難這個亙古不變的主題。

11

一夕的悲劇與長遠的奇蹟

好消息來自複利效應，需要日積月累；
而壞消息來自信心崩盤或嚴重錯誤，
可能發生在轉瞬之間。

好消息需要時間醞釀，而壞消息往往在頃刻之間出現，這項重要事實可以解釋很多事。

巴菲特說，建立聲譽要花費二十年，摧毀聲譽只需要五分鐘。

很多事都是這樣運作。

這是世界運作的一項自然法則，由一項事實所驅動：好消息來自複利效應，需要日積月累；而壞消息來自信心崩盤或嚴重錯誤，可能發生在轉瞬之間。

——

一九五五年九月二十三日，艾森豪總統吃了一個漢堡當午餐。當天晚上，他感到胸痛，還對太太說洋蔥讓他胃痛。[1]然後他開始恐慌。他的心臟病嚴重發作，這可能輕易就要了他的命。如果是那樣，艾森豪就會成為那一年死於心臟病的七十多萬名美國人之一。

此後的發展非比尋常；但是很少人關注。

美國國家衛生研究院（National Institutes of Health）的數據顯示，自一九五〇年代以來，經年齡調整的人均心臟病死亡率下降超過七〇%。

死於心臟病的美國人非常多，因此死亡率降低七〇％所挽救的生命，多到難以想像。

如果心臟病的死亡率沒有下降，也就是說，要是心臟病的治療水準沒有提升，死亡率自一九五〇年代以來沒有趨於穩定，過去六十五年間死於心臟病的美國人，會比實際數字多兩千五百萬人。

兩千五百萬人！

即使以單一年度來看，這種改善幅度也令人難以置信：相較於一個自一九五〇年代以來沒有任何進步的社會，現在的社會每年死於心臟病的美國人減少超過五十萬人，等同於每個月挽救一整座足球場的觀眾人數。

這怎麼不算是一件大事？

為什麼沒有人沿街敲鑼打鼓，大聲昭告天下這有多麼不可思議，並且為心臟科醫師樹立雕像？

我來告訴你為什麼：因為進步的發生過於緩慢，慢到沒有人注意到。

一九五〇年至二〇一四年間，心臟病死亡率平均每年下降一．五％。

如果你看到新聞標題寫著「心臟病死亡率去年下降一．五％」，你會作何反應？你會打個哈欠，不予理會。

那就是我們向來的反應。

我們一直都是這樣做。最重要的事物來自複利效應，但是複利效應需要一段時間醞釀，所以容易被忽略。

新科技要歷經數年或數十年才會被大家注意到，接下來又要再花數年或數十年才會被大家接受，並且付諸應用。說說看，有哪一項新科技是大眾一眼就看出它所有的潛力，並且立刻採納使用。根本沒有。世界看似睽違多年才有一項創新，因而挑起許多悲觀情緒，不過那通常是因為一項新的創新需要許多年才會得到注意。即使在自然科學領域也是如此：歷史學家大衛．伍頓（David Wooton）表示，從發現細菌到醫學界承認細菌引起疾病，中間經過兩百年，然後又經過三十年發明消毒劑，再經過六十年才使用盤尼西林。[2]

經濟成長也是如此。

實質人均GDP在過去一百年間成長八倍。美國一九二〇年代的實質人均GDP和現今土庫曼（Turkmenistan）的數值相同。過去一個世紀的成長令人咋舌。但是，GDP每年大約成長三%，這個數字放在任何一個年度、任何一個十年，或是任何一個人的一生中，都很容易被忽略。超過五十歲的美國人自出生至今，實質人均GDP至少成長了一倍。但是，大家不記得自己出生時的世界樣貌。他們只記得距今幾個月內的事，因此一定看不出任何進步。

職場、社會進步、品牌、公司與人際關係也是一樣。進步總是需要時間，而且需要的時間通常很長，長到我們察覺不到正在進步。

那麼，壞消息呢？

壞消息沒在怕、也沒在客氣。它以迅雷不及掩耳的速度襲來，快到壓制你的注意力，讓你目不轉睛。

珍珠港事件與九一一事件可能是近百年來最重大的兩宗新聞事件。兩者從開始到結束大約只有一個小時。

大部分人從不曾聽聞新冠肺炎到生活被它搞得天翻地覆，只花不到三十天的時間。

雷曼兄弟這間一百五十八年的老字號企業，不到十五個月就從歷史巔峰步入破產。安隆（Enron）、房利美（Fannie Mae）與房地美（Freddie Mac）、諾基亞（Nokia）、伯尼・馬多夫（Bernie Madoff）、穆安瑪爾・格達費（Muammar Gaddafi）、巴黎聖母院與蘇聯也是一樣。數十載繁華可能不到幾分鐘就化為一片破敗，卻不曾見過一片破敗不到幾分鐘就化出數十載繁華。

這項道理其來有自。成長必然要對抗掣肘的競爭拖慢步伐。新的想法要爭搶關注，商業模式得對抗既有業者，摩天大樓必須抵抗重力；成長一定是頂著逆風前行。但是，衰退來襲時，人人拚命走避。或許有人會跳進去，試圖力挽狂瀾，但是它不會吸引大批局外人趕著加入，像推動進步一樣阻擋衰退。

——

數百億個步驟必須按照正確順序進行，最終才能創造出一個人類。但是，只要發生一件事，就足以導致人體衰亡。

人類胚胎在五週內就會發展出大腦、跳動的心臟、胰臟、肝臟與膽囊。剛出生的嬰兒就有一千億個神經元、兩百五十兆個神經突觸、十一項彼此合作的器官系統，以及一種人格。複雜程度令人嘆為觀止。

但是，反過來看，死亡就簡單了。管它是創傷、心臟病、中風，還是癌症、感染、用藥過量，死亡多半起因於缺血與缺氧。就這樣。病情本身或許複雜，但是致命的一擊來自於沒有足夠的血液與氧氣輸送到需要的地方。

人的誕生：超乎理解的複雜。

人的死亡：實在簡單。

作家哈拉瑞也寫到類似的觀點：「要保有和平，我們需要幾乎每一個人都做出正確的選擇。相形之下，只要一方做錯選擇，就可能爆發戰爭。」

「製作複雜，破壞容易」的概念無所不在。蓋房子需要能力精熟的工程師；拆房子只需要一把大鎚子。即使是不容易破壞的事物，破壞條件也通常比製作條件更簡單。

諷刺的是，儘管成長與進步的力量遠比挫折強大，但挫折總是因為發生得太快而得到更多關注。在壞消息的鼓聲之間有緩慢的進步穿梭其間，這就是事物運作的常態。要習慣這件事不容易，但是它永遠會跟著我們。

在這裡我要凸顯兩項重點。

許多進步與好消息都和沒有發生的事情有關，而幾乎所有的壞消息都和已經發生的事情有關。

沒有發生的死亡、沒有感染到的疾病、不曾開打的戰爭、避免的悲劇，以及避開的不公不義等，都是好消息。人們很難對這些事產生具體的概念，甚至難以想像，更遑論衡量。

但是，壞消息看得到。而且豈止看得到，根本是直衝到你眼前，逼得你無法轉開目光，像是恐怖攻擊、戰爭、車禍、全球大流行病、股市崩盤、政治鬥爭等。

我們太容易低估進步有多容易達成。

要是我說：「一般美國人的財富在五十年後成長為兩倍的可能性有多高？」這句話聽起來實在荒謬，而且可能性似乎非常低。要比今天富有兩倍嗎？也就是現在的財富翻倍成長？這個目標似乎要求過高。

但是如果我說：「我們在未來五十年間實現年均成長率一．四％的可能性有多高？」這聽起來簡直就是個悲觀主義者。百分之一？就那樣？

但是，這兩句話講的當然都是同一個數字。

世界從過去到現在都是這樣，未來也永遠不會變。

——

下一章的主題和本章相關：我要來講一個關於核彈的故事，說明人們有多麼容易小看風險。

12

微小而重要

聚沙成塔，涓滴成河。

歷史上常見的一個主題就是，大家都以為最大的企業、國家與創新會帶來最大的威脅，並且創造出最大的機會。

但是，事情通常不是那麼一回事。

耶魯大學有一項二〇一〇年的研究顯示，肥胖症增加的主因不一定是人們三餐吃得比較多，反而是一整天吃的零食更多。[1]

這是說明許多事情如何運作的好例子。

大部分災難都是由一系列微小的風險所引起，這些風險個別來看很容易被忽略，但彼此加乘則會產生重大的結果。事實和大家的想法恰好相反：當微小的事物複合成意想不到的非凡大事之時，最讓人驚奇的事物才會發生。

——

蘇聯曾經製造出一枚核彈，威力比投在廣島的那枚原子彈強一千五百倍。它叫作「沙皇炸彈」（Tsar Bomba），它的威力是第二次世界大戰期間投下的所有普通炸彈總和的十倍之多。在俄羅斯進行試爆時，六百英里（約九百六十六公里）外都能看到它的火球，蕈狀雲更是衝向四十二英里（約六十八公里）高的天空中。

歷史學家約翰・路易斯・嘉迪斯（John Lewis Gaddis）寫道：

試爆地點所在的島嶼可以說夷為平地，不只是冰雪，還有岩石都被剷平，儼然就像一座廣大的溜冰場。有人估計……它所產生的火風暴可以吞噬掉相當於馬里蘭州的面積。2*

我們研發出第一顆核彈是為了結束第二次世界大戰。不到十年，人類擁有的炸彈已經足以毀滅全世界，而且是毀得一乾二淨。

但這些致命的炸彈卻也帶來一絲詭異的曙光：因為風險太大，各國在戰時反而不太會動用核武。你用核彈炸毀敵人的首都，六十秒後他們回敬你一枚，這又是何苦？甘迺迪總統曾說，兩國都不希望「一場戰爭留下的不是一個完好無損的羅馬，卻是兩個遭摧毀殆盡的迦太基」。

一九六〇年時，我們走出另一條路，繞過這個困境。我們製造出體積和殺傷力都更

* 編注：馬里蘭州（Maryland）的面積約三萬兩千一百三十三平方公里，約有臺灣島的九成大。

小的核彈。

其中一枚名叫戴維．克羅克特（Davy Crockett），威力和投在廣島的原子彈相比，只有六百五十分之一，可以從吉普車後方發射。[3] 我們製造出可以裝進背包的核子地雷，彈頭只有鞋盒大小。

這些小型核武用起來感覺比較負責任、風險較低，也不會帶來世界末日。

結果卻適得其反。

小型核彈更有可能實際用於戰爭；這就是它們唯一的用途。它們降低合理使用的門檻。

這改變局勢，讓一切變得更糟。

一個國家可能會在戰爭中「負責任的」使用小型核武，結果引發報復性的衝突升級，為發射大型炸彈的可能性開啟一道門，這就是風險。

兩國都不會用大型炸彈發動戰爭，但是他們會不會發射小型炸彈呢？恐怕會。一枚小型炸彈是否會成為使用大型炸彈報復的理由？會。

因此，小型炸彈提高使用大型炸彈的機率。

小風險不是大風險的替代品；小風險是觸發大風險的板機。

古巴飛彈危機時，蘇聯在古巴部署的飛彈和沙皇炸彈相比，威力只有四千分之一。[4]但是根據當時美國國防部長羅伯特．麥克納馬拉的說法，就算蘇聯只發射其中一枚炸彈，美國為了報復，「有九九%的可能性」將會核武盡出。

協助製造原子彈的物理學家羅伯特．歐本海默（Robert Oppenheimer）對原子彈的破壞力滿懷罪惡感，於是推動小型核武的開發，以求降低風險。他後來承認，這是錯誤的做法，因為這提高大型核武攻擊的可能性。

人們很容易忽視大風險，因為它們不過是小事件連鎖反應的結果，而且每一個小事件都很容易讓人覺得無所謂。所以，人們總是低估重大風險發生的機率。

同樣的劇情一再上演。

在一九二九年，沒有人想到會發生經濟大蕭條。如果你在一九二九年警告大眾股市就要崩跌將近九〇%、失業率會上升到二五%，你會被當成笑話。

人們並不是因為自滿才會這樣反應。一九二〇年代末期，股票估值過高、不動產投機盛行、農地失修。這些狀況都顯而易見，有詳細紀錄，也有人在討論，但是又怎樣？這些事情分開來看都沒什麼大不了。

直到它們同時發生，彼此強化、互相影響，才演變成經濟大蕭條。

股市下跌，老闆失去積蓄、解雇員工，失業的員工還不出抵押貸款，於是銀行週轉不靈。銀行一倒閉，大眾的儲蓄跟著泡湯；大眾沒了儲蓄，於是停止消費；大眾不消費，企業就應聲倒閉；企業一倒閉，銀行跟著倒閉；銀行一倒閉，大眾的儲蓄就跟著泡湯；事態就這樣循環發展下去。

新冠肺炎疫情也是一樣。

它一開始的影響有如大災難，看似晴天霹靂。

但是，打擊我們的不是機率只有十億分之一的單一風險。我只能靠著後見之明說，這場經歷是一堆小風險同時碰撞、增強的結果。

一種新病毒轉移到人體裡這種事一直都有，而這些人當然會和其他人互動。這種狀況在某段時間裡就像是一個謎，但可以理解；然後壞消息可能被封鎖，這種做法是壞事，但是很常見。有些國家呈現出標準的否認心理，認為可以圍堵病情，但卻受到官僚主義的影響，應對得不夠迅速。我們過度樂觀、沒有做好準備，儘管恐慌，但該做的事還是得做，因此只能以強制封城作為因應手段。

凡此種種，單獨觀之都平淡無奇，但是結合在一起，就變成一場災難。

一九七七年的特內里費（Tenerife）機場爆炸事件是史上最致命的飛航事故。[5]這個錯誤讓人瞠目結舌。在這座西班牙島嶼的機場跑道上，一架飛機在另一架飛機還在跑道上時起飛，結果兩架波音七四七客機相撞，當下就造成五百八十三人死亡。

災難之後，當局想要了解如此嚴重的事故怎麼會發生。一項事後解析研究說明原委：「十一個獨立的巧合與錯誤，儘管其中大部分都很輕微……卻都精準的按部就班發生」，才能釀成這起事故。許多小錯誤累積起來就成為一個大錯誤。

我們最好假設世界每十年會崩潰一次，因為歷史就是這麼告訴我們。這些破壞感覺像是發生機率很低的事件，因此大家通常不認為它們會一再發生。但是，它們真的會一而再、再而三的發生，因為它們其實是發生機率很高的小事件相互強化、影響的結果。

這不符合直覺，因此我們將一如既往，未來仍會低估重大風險。

當然，我們也一樣會低估小事件的影響力。

——

講到宇宙裡最驚人的力量，答案顯而易見，就是演化。演化把單細胞生物發展成可以使用擁有一兆位元組儲存空間的 iPad 來閱讀這本書的人類。無論是絕佳的視力、飛翔的鳥類與免疫系統，都是來自演化。

在科學領域，最令人嘆為觀止的莫過於演化的成果。

生物學家萊斯利・奧格爾（Leslie Orgel）曾說：「演化比你聰明」，因為批評者每次說出「演化永遠做不到這件事」的時候，通常只是因為缺乏想像力。[6]

演化的力量也很容易因為基礎數學原理而遭到低估。

演化的超能力不只是篩選有利生存的性狀。這部分的觀念非常沉悶無聊，而且如果你只著眼於物競天擇，將會充滿懷疑與困惑。不管從哪個時期來看，大多數物種在每一段千年期間的變化都微不足道、小到你我難以察覺。

演化真正的魔力在於，它已經持續篩選性狀長達三十八億年。

扭轉乾坤的是時間，而不是細微的變化。細微的變化不斷組合發展長達三十八億年，就會得到無異於魔法的結果。

這是演化真正帶給我們的教訓：指數如果夠大，沒有非凡的改變也能產生非凡的結果。這樣的觀念不符合直覺，但是效果非常強大。

「人類最大的缺陷是無法理解指數函數，」物理學家艾伯特・巴特利特（Albert Bartlett）曾經這麼說。

很多事物都適用這個道理。

我們經常會在投資領域看到這種缺陷發揮的影響力。投資人霍華・馬克斯（Howard Marks）曾經談到一位投資人，他的年度績效排名從來不曾進入前四分之一，但是整個十四年的投資期間來看，他在所有投資人當中績效名列前百分之四。[7] 如果那種平庸的報酬水準再維持個十年，他在同儕之間可以排進前百分之一；也就是說，儘管他任何一年的績效都表現平平，卻能躋身同世代最卓越的投資人之列。

投資太過講求當下、今年、或許還有明年的績效表現。「我最多能夠賺多少？」這個問題看似符合直覺。

但是，就像演化，魔法不在這裡。

如果你理解複利背後的數學原理，就會明白，最重要的問題不是「我要怎麼做才能賺最多？」而是「我能夠在最長的期間裡維持的最佳報酬水準是多少？」

微不足道的變化長期累積疊加，會產生天翻地覆的變化。

一如既往，這是永遠不變的道理。

接下來，我們要討論過度自信的危險。

13

欣喜與絕望

進步需要樂觀與悲觀並存。

樂觀與悲觀實在很棘手。從理智上來看，悲觀比樂觀更誘人，也更能攫取我們的注意力。悲觀是攸關生存的要件，有助於我們在風險尚未臨頭時就做好準備。

但是，樂觀也同樣重要。即使證據隱晦不明，仍然相信事情可以好轉、也將會好轉的信念，正是一切事物的根基；從維持穩健的關係到長期投資，這樣的信念都很關鍵。

關於人的思維，我們務必明白一項重點：進步需要樂觀與悲觀並存。

這兩者看似是相互衝突的心態，因此我們更常見到人們偏向樂觀或是偏向悲觀。不過，知道如何平衡這兩種心態一直都是、也永遠都會是生活中最重要的能力。

最好的財務規畫就是，像悲觀主義者一樣儲蓄，並且像樂觀主義者一樣投資。相信從現在到未來的路上會有一連串的挫折、失望、意外與震盪，並且在面對這個現實之際，同時抱持著事情會好轉的信念，這種想法在歷史上俯拾皆是，遍布在生活的各個層面之中。

約翰．麥肯（John McCain）是最著名的越戰戰俘。不過，當時軍階最高的戰俘是

上將吉姆・史塔克戴爾（Jim Stockdale）。

史塔克戴爾反覆遭受刑求，甚至因為擔心自己會崩潰、洩露敏感的軍事資訊，而一度試圖自殺。

史塔克戴爾獲釋幾十年後，有一次在接受採訪時被問到囚牢生活有多麼令人懷憂喪志。[1]他反駁說其實一點也沒有。他始終相信自己會戰勝一切，相信自己會重見天日、和家人團聚。

這簡直是百分之百的樂觀心態，看起來是這樣。對嗎？

不盡然。

接下來，對方問史塔克戴爾，哪些人在囚牢裡過得最艱辛。他說，這個問題簡單：「樂觀的人。」

那些不斷嚷著「我們會在聖誕節前回家」的囚犯，在另一個聖誕節來臨又過去時心志崩潰。史塔克戴爾說：「他們是死於心碎。」

他表示，你一方面需要抱持堅定不移的信念，相信事情會好轉；另一方面則要接受殘酷的事實，無論事實是什麼，都得接納它；這兩者之間存在一股平衡的力量。事情終究會好轉。但是，我們不會在聖誕節前回家。

像悲觀主義者一樣計畫，並且像樂觀主義者一樣夢想，這就是平衡。這樣的組合違反直覺，但是如果做對了，力量將非常驚人。看見人們在接受絕望現實的同時保持樂觀，實在相當有趣。

「美國夢」（The American dream）這個詞第一次出現在作家詹姆士．楚斯洛．亞當斯（James Truslow Adams）於一九三一年發表的《美國史詩》（*The Epic of America*）書中。[2]

這個時機很耐人尋味，不是嗎？很難想到有哪一年會比一九三一年更夢碎幻滅。

當亞當斯寫道「一個人藉由自己的努力、運用自身的才能、培養必要的能力，可以讓自己的社會地位向上流動，家庭的社會地位也能跟著提升」時，失業率將近二五％，貧富不均的程度接近美國史上最高水準。

當他寫下「讓每一個階層的每一位公民生活得更美好、更富裕、更幸福的美國夢」時，經濟在大蕭條下已經殘破不堪，全國各地都爆發糧食暴動。

當他寫道「男女都能充分發展，不受舊文明緩慢築起的障礙所阻攔」時，學校正在實施種族隔離制度，有些州必須通過識字測驗才能投票。

在美國歷史上，美國夢的觀念沒有幾個時期是如此空洞，和每個人面對的現實又是如此脫節。

可是，亞當斯的書受到熱烈歡迎。這句樂觀的詞語誕生於美國歷史上的黑暗時期，卻一夜之間成為家喻戶曉的金句。

一九三一年，四分之一的美國人失業，美國夢的概念卻沒有因此毀壞。股市下跌八九%，全國各地都在排隊領麵包，美國夢也沒有一分一毫受損。

其實，可能正是因為世道如此艱險，美國夢才受到熱烈歡迎。你不必眼見為憑也可以相信美國夢；這真是萬幸，因為一九三一年沒有什麼看頭。你只要相信美國夢有可能實現，然後就像中了魔法一般，你會感覺好一點。

我很喜歡心理學家蘿倫・阿洛伊（Lauren Alloy）與琳恩・伊鳳・阿布拉姆森（Lyn Yvonne Abramson）的一項理論，稱為「憂鬱現實主義」（depressive realism）。根據這項觀念，思想憂鬱的人對世界的看法更準確，因為他們更務實的看待生活中有多少風險、生命又有多麼脆弱。

憂鬱現實主義的反面就是「無知的幸福」；許多人都有這個問題。不過，我們其實沒有為此所苦，因為它讓我們感覺良好。而且就是因為感覺很好，才會成為我們需要的動能，讓我們身在這個客觀來說糟糕透頂、充滿悲觀的世界，還能夠早上醒來、努力打拚度過每一天。

——

一九八四年，珍・寶莉（Jane Pauley）採訪當時僅二十八歲的比爾・蓋茲（Bill Gates）。「有些人說你是天才，」寶莉說：「我知道你可能會覺得不好意思，不過……。」

比爾・蓋茲面無表情。沒有一絲情緒，也沒有做出任何反應。

寶莉尷尬一笑，說道：「好吧，我想你沒有覺得不好意思。」

比爾・蓋茲還是沒有反應。[3]

他當然是天才；而且他也知道自己是天才。

十九歲的比爾・蓋茲認為，家家戶戶的每一張桌子上都應該擺一部電腦，於是便從大學休學。只有對自身能力信心滿滿的人才會這麼做。保羅・艾倫（Paul Allen）如此描述他第一次見到比爾・蓋茲的情景：

> 你一眼就能從比爾・蓋茲身上看出三件事。他真的很聰明。他真的很好勝；他想要

讓你看到他有多聰明。還有，他真的、真的非常有毅力。[4]

但是，比爾·蓋茲還有另外一面。他偏執多慮，這和他那無可撼動的自信完全相反。

從創辦微軟的第一天起，他就堅持銀行帳戶裡隨時都要有足夠的現金，讓公司即使沒有收入，也足以維持生存十二個月。[5]

一九九五年，查理·羅斯問他手頭上為什麼要保留這麼多現金。蓋茲說，科技業的變化如此快速，誰都不能保證明年還有生意做，他說：「微軟也不例外。」

二○○七年時，他沉思道：

> 我的員工不但年紀比我大，而且還有小孩，所以我會一直擔心。我老是在想：「要是我們拿不到錢怎麼辦？我會不會發不出薪水？」

樂觀與信心在此再次和沉重的悲觀交織在一起。蓋茲似乎領悟到，只有悲觀到會想盡辦法在短期求生存的人，才能成為長期的樂觀主義者。

在此，我們要理解的重點是，樂觀與悲觀存在同一個光譜上。

光譜的一端是純粹的樂觀主義者。他們認為一切都很好、永遠都會這麼好，並且把所有負面事物都視為性格缺陷。這種樂觀心態部分源於自我（ego）：他們對自己充滿信心，想像不到會有任何事情出問題。

光譜的另一端是純粹的悲觀主義者。他們認為一切都很糟糕、永遠都會這麼糟糕，並且把所有正面事物都視為性格缺陷。這種悲觀心態部分源於自我：他們對自己缺乏信心，想像不到會有任何事情順利發展。他們和純粹的樂觀主義者截然不同，卻都同樣脫離現實。

這兩種心態一樣危險，但是，如果你把樂觀主義與悲觀主義視為黑白兩邊、彷彿你必須選邊站，這兩種心態都看似相當合理。

兩者中間是甜蜜點，我稱之為理性樂觀主義者（rational optimist）。他們承認歷史是一連串的問題、失望與挫折，但是仍然保持樂觀，因為他們知道挫折無法阻絕最終的進步。他們貌似偽善又反覆無常，但往往只是看得比其他人更遠。

不管在任何領域，不論從金融到職場到人際關係都一樣，能夠克服短期問題，就能一路堅持到可以享受長期成長的時候，這就是訣竅所在。

像悲觀主義者一樣儲蓄，像樂觀主義者一樣投資。

像悲觀主義者一樣計畫，像樂觀主義者一樣夢想。

這些能力看似相互衝突，也確實如此。我們直覺認為自己應該是樂觀主義者，不然就是悲觀主義者。我們很難意識到兩者都要講究時間與場合，而且可以共存、也應該共存。不過，幾乎每一項成功的長期成就都可以看到這兩者共同並存。

企業像樂觀主義者一樣承擔推出新產品的重大風險；卻又像悲觀主義者一樣懼怕短期債務，總是想要保留一大筆現金作為安全網。

工作者推掉賺大錢的機會，因為這個機會的代價可能是毀壞聲譽，而從長期來看，聲譽遠遠更有價值。

投資領域也一樣。我在《致富心態》裡寫道：「我想要的不僅是豐厚的報酬，更想要讓財務狀況牢不可破。如果我能夠讓財務穩固，我真的認為自己可以得到最高的報酬，因為我將有足夠的時間讓複利創造奇蹟。」

歷史帶來的一個重要教訓就是，長期來看通常相當不錯，短期來看則通常相當糟糕。我們需要一番努力才能調和兩者，並學習運用看似衝突的能力與之應對。做不到的人通常會成為怨恨的悲觀主義者，不然就是破產的樂觀主義者。

請繼續跟著我進入下一章，來討論另一個違反直覺的主題：你愈是努力想做得完美，最後的表現反而愈糟。

14

完美之下，必有損傷

一點點的不完美是重大優勢。

沒有人喜歡放過機會。不管追求什麼，大家都有一股追求極致效率與完美的衝動。這感覺是在做正確的事，彷彿是在爭取最大的成功機會。

但是，完美有一個很常見的缺點容易被忽略。

——

演化的關鍵在於一切都會消亡。百分之九十九的物種都已經滅絕，剩下的物種最終也會消失。

世界上沒有完美的物種，也沒有無論任何時候都能適應一切的物種。任何物種充其量都只擅長做好某些事情，等到他們不擅長的事情突然變得比較重要，就會面臨死亡。

一個世紀前，俄羅斯生物學家伊凡・施馬爾告森（Ivan Schmalhausen）描述到這個現象。[1]當一個物種演化為非常擅長做某一件事時，通常會在面對另外一件事時變得不堪一擊。[2]體型龐大的獅子可以殺死更多獵物，卻也很容易成為獵人可以輕易瞄準的射擊目標。高大的樹木可以吸收到更充足的日照，卻也更容易遭受風害。某些缺乏效率（inefficiency）的問題總是無法避免。

因此，物種通常不會演化成在各個方面都完美無瑕，因為一項能力臻至完美的代價，就是犧牲掉另一項最終將攸關存亡的能力。獅子可以長得更大，捕獲更多獵物；樹可以長得更高，得到更多日照。但是他們沒有變得更大、更高，因為這樣會適得其反。所以他們都有一點不完美。

大自然給予各個物種許多夠好、但潛能尚未完全發揮的性狀。生物學家安東尼・布萊德蕭（Anthony Bradshaw）說，演化上的成功是眾所矚目的焦點，但是演化上的失敗也同樣重要。這就是演化的真理：當一項能力臻至完美的代價，就是折損另一項能力，在這樣的世界裡，不要把潛能發揮到淋漓盡致才是真正的甜蜜點。

演化論用三十八億年測試並證明缺乏效率是好事。我們知道這是對的。所以我們或許應該更加關注這件事。

——

許多人在生活中拚命追求效率，一寸光陰也不虛度。但是，浪費時間也可以是一件好事，而且這項能力備受忽視、沒有得到足夠的關注。

心理學家阿莫斯・特沃斯基（Amos Tversky）曾說：「做出好研究的祕訣就是稍微

偷懶一點。人們會因為沒辦法虛度幾個小時而浪費好幾年。」

成功人士會刻意在行事曆上安排空檔、不特別做什麼事，在別人眼中，這樣做很沒有效率。確實如此，因此這樣做的人不多。

但是，特沃斯基認為，如果你的工作需要發揮創意、思考困難的問題，那麼花在公園閒逛，或是無所事事窩在沙發上的時間，可能是你最有價值的時間。一點點的缺乏效率其實美好無比。

我的同事每次度假回來都會說到同一件事，只不過措詞不同：

「最近我總算有時間思考，結果發現……。」

「這幾天沉澱思緒之後，我想到……。」

「我在休假時想到這個好主意……。」

諷刺的是，人們能夠在工作之外的時間，在他們可以自由思考與沉思的時候，完成一些最重要的工作。難就難在我們可能每年休假一次，卻沒有體認到思考時間是許多工作的關鍵要素，而傳統的工作時程無法妥善滿足這項條件。

不是所有工作都需要創意或批判性思考。但是，人在從事需要創意或思辨能力的工作時，如果花點時間漫步閒晃、發揮好奇心，確實會表現得更好；這麼做雖然脫離了已經安排好的工作，但是其實有助於解決工作上最重大的難題。

我們就是很難做到這一點，因為我們都認定，所謂的工作日，就是應該連續八個小時都坐在辦公桌前。

如果你告訴老闆，你找到一個可以提高創意與生產力的訣竅，老闆會對你說，那你在等什麼，還不趕快去做。但如果你告訴她，訣竅就是中午散步九十分鐘，老闆或許會反對，說你必須工作。換句話說，很多從事「思考型工作」的人都沒有時間思考。

《紐約時報》有一次如此描寫美國國務卿喬治．舒茲（George Shultz）：

> 獨處的時間，是他唯一能夠思考工作的策略面問題的時候。不然他會時時刻刻不斷陷入技術性的細節，永遠無法關注更重大的國家利益問題。3

愛因斯坦則這麼說：

我會到海灘散步很長一段時間，讓我可以傾聽腦中思緒。如果工作進展不順利，我會在工作到一半的時候躺下來，凝視天花板，同時傾聽內心的聲音，並勾勒出想像中的景象。

莫札特也有同感：

在我乘著馬車出遊時、享用美味大餐後散步的期間，或是在輾轉難眠的夜晚裡，我的靈感最行雲流水、澎湃泉湧。

史丹佛大學有一項研究的結論也和他們的行為相呼應：研究顯示，散步能提高六〇%的創造力。[4]

曾經有人問蒙格，巴菲特成功的祕訣是什麼。「我認為是他有一半的時間都坐定在那裡閱讀。」[5]他有很多時間思考。

如果是單一且重複或勞動型的工作，傳統的八小時工作時程安排就很好。但是隨著「思考型工作」愈來愈多、數量愈來愈龐大，或許這樣的工作時程就不是最好的安排。

你最好早上撥出兩個小時，在家裡思考一些重大的問題。

或是中午抽出一段長一點的時間去散步，思考為什麼某件事不順利。

或是下午三點就離開辦公室，用當天剩下的時間構思新策略。

這不是減少工作量。恰好相反：許多用腦的工作基本上沒有停歇的一刻，如果你不安排時間思考、探究，坐在辦公桌前處理工作的效率就會降低。這和「崇尚忙碌」（hustle porn）的概念背道而馳：那些人想要看起來忙個不停，因為他們覺得忙碌是崇高的行為。

塔雷伯說：「我衡量成功的唯一標準，就是你有多少空閒時間要消磨。」[6]我認為這不只是成功的衡量標準，也是成功的關鍵要素。全世界效率最高的行事曆，就是每一分鐘都有滿滿的生產力，卻犧牲掉好奇的四處漫遊與不受干擾的思考的機會，然而這些條件最終將成為成功最重要的助力。

另一種有益的缺乏效率，就是企業在經營上保留一些閒散的彈性。

及時生產法（Justintime，JIT）是過去二十年來高效率經營的典範，也就是公司不設置零件庫存，產品製造流程仰賴零件在最後一刻進貨到位。後來，新冠肺炎疫情爆發，供應鏈斷裂，幾乎所有製造商都發現自己嚴重缺乏必需品。

最諷刺的場景是：二〇二二年，史上最大消費熱潮時期之一，汽車公司因為缺晶片、缺剎車器、缺漆料，不得不關閉工廠。他們沒有保留容錯空間。企業的目標是不留犯錯空間，卻得到完全相反的結果。整體供應鏈稍微有一點低效率可能才是甜蜜點；犯錯空間卻通常被視為成本、負擔、低效率。但是，以長期而言，它將產生你所能想像得到的最佳報酬。

投資也一樣。多頭市場期間，現金是低效率的包袱；但是在空頭市場期間，現金就如同氧氣般珍貴。槓桿操作是最能有效放大資產的方式，也是最容易讓人一貧如洗的方法。想要賺進最多的報酬，集中投資是最佳方法；想要投資到一間能夠賺進報酬的公司，分散投資是提高勝率的最佳方法。諸如此類，類似的道理說也說不完。

如果你捫心自問，將會發現效率差一點才是理想狀態。

分析也一樣。投資界有一則金句：差不多正確勝過準確的出錯。但是，投資這一行都把腦力花在哪裡？追求精準，而且是精確到小數點的精準，讓人們誤以為自己已經掌握所有機會，實際上更常是他們沒有為自己的分析留下任何誤差的空間。

投資在你的長期未來當然是好事，因為那時候的經濟狀況很有可能變得更有生產力、價值更高。但是，試圖預測抵達目的地的確切路徑，可能是浪費資源。

我用「夠好」來形容我的預測模型。

我相信隨著時間推移，問題會解決，生產力也會提高。

我相信隨著時間推移，市場會把因為生產力提高而產生的報酬分配給投資人。

我相信有人會過度自信，所以我知道一路上會出現錯誤與意外、繁榮與蕭條。

雖然細節不夠詳盡，但是這樣已經夠好。

預測做得愈簡單、愈單純，你就有時間與心力從事其他活動。我喜歡研究永遠不會改變的投資行為，而要是我把整天的時間都花在預測下一季的經濟趨勢，就永遠抽不出時間去做研究。這項道理適用幾乎所有領域。你愈是追求精確，專注於大局的時間就愈少，而後者可能更重要。與其說這是在承認自己沒有能力做預測，倒不如說這是認知到預測只需要達到某個「夠好」的門檻，你就能更有效率的把時間與資源投入其他地方。

就像演化，關鍵在於體認到你愈是追求完美，通常就會愈脆弱。

下一章要講的是我所知道最瘋狂的故事之一。這則故事和另一項人們容易忽略的風險有關，那就是：捷徑的缺點。

15

本來就很困難

凡是值得追求的事物都會伴隨些許痛苦。

祕訣在於不要在意它會痛。

關於捷徑的誘惑與危險，我要分享幾個想法。說到讓人揪心皺眉的故事，沒幾個比得上唐納大隊（Donner Party）的經歷。[1]一八四六年，唐納家族帶領八十七個人離開伊利諾州（Illinois）春田市（Springfield），動身前往加州；當時的加州看似在世界的另一頭，但是蘊藏著致富的希望與重新開始的機會。

就算一切順利，這也是一段艱辛而危險的旅程，不但歷時數月，一路上還要擔心可能遭到美洲原住民攻擊的威脅，並且忍受疾病的侵襲與惡劣的天氣。

旅程中途，走了好幾個月而疲累不堪的唐納一家，採納俄亥俄州（Ohio）探險家蘭斯佛德．哈士廷斯（Lansford Hastings）的建議，不走位於現在愛達荷州（Idaho）南部的傳統著名小徑，而是直取捷徑，穿越現在的猶他州（Utah）；根據哈士廷斯的說法，這樣可以縮短或許三到四天的行程。

哈士廷斯大錯特錯。那條「捷徑」不但比傳統路線更長，路況也更艱辛，他們得在盛夏時節頂著炙熱酷暑，穿越大鹽湖沙漠（Great Salt Lake Desert）。大隊幾乎耗盡飲用水，失去大部分牛隻，而且最關鍵的是，他們的旅程因此增加一個月。

這樣的延遲造成莫大的災難。

唐納大隊現在得在隆冬越過太浩湖附近的內華達山脈（Sierra Nevada），而不是根據原先計畫在深秋時節穿越山林。一八四七年的冬天是史上數一數二的嚴寒冬季，而唐納大隊這時得穿越十到二十英尺（約三到六公尺）高的積雪。對於這群人來說，這幾乎是不可能的任務，因為大隊剩下的八十一個人當中，超過一半成員都未滿十八歲。於是他們找地方落腳，努力熬過冬天。不久之後他們開始挨餓，接著隊員一批批死亡。

就在那個時候，唐納大隊的存活者只好做出那件讓他們聞名後世的事：吃人肉。

他們從死者身上切下肉，並詳細標示，以防活著的人吃到自己的家人。歷經這場劫難當時年僅四歲的喬治亞・唐納（Georgia Donner）後來憶及被餵食奇特肉塊的情景：「父親一直在哭，從頭到尾沒看我們一眼……沒有其他東西可以吃了。」

請注意，這一切都是因為他們受到捷徑的誘惑。

電影《阿拉伯的勞倫斯》（*Lawrence of Arabia*）裡有這麼一幕：勞倫斯用手指捻熄火柴，面不改色。有個人看到也照樣做，卻痛得大叫。[2]

「好痛！祕訣到底是什麼？」他問。

「祕訣就是不在乎痛，」勞倫斯說。

這是最實用的生活技能之一，懂得在必要時忍受痛苦，而不是假設有規避痛苦的祕訣或捷徑。

我的前同事有一次請來一位社群媒體顧問。在三個小時的會議期間，顧問向我們介紹主題標籤、一天當中在推特發文的最佳時間、串文功能如何增進粉絲互動，以及其他各式各樣的祕訣。

他人很不錯。但是他不曾提到最有效的社群媒體技巧：寫出大家想讀的精采內容。

那是因為寫出精采內容不是什麼祕訣，而且很難辦到，需要時間與創意，也無法大量製造。它很有效，成功率接近百分之百。但是，它相當於社群媒體版的重訓運動。

節食、財務、行銷也一樣……每個人都想要捷徑。人們一直都是這樣，但是隨著科技誇大結果見效的速度，我們衡量事物的基準也跟著提高，我猜想這個情況正在加劇。

祕訣的吸引力在於，它們看似是輕鬆拿大獎的途徑。但是這種東西在現實世界裡很少見。

蒙格曾經指出：「想要如願以償，最安全的方法就是努力讓自己值得擁有你想要的事物。這個觀念就是如此簡單；這是鐵則。你要給世界那些換作是你也會購買的東西。」[3]

一九九〇年，大衛・賴特曼（David Letterman）問他的朋友傑利・賽菲德，他的新情境喜劇進展如何。[4]

傑利說，有個問題讓人洩氣：NBC給這檔節目安排一組喜劇編劇，但是他不覺得自己從他們那裡得到什麼好素材。

「他們要是很出色，那才更奇怪吧？」大衛問。

「這話是什麼意思？」傑利問。

「要是他們每天都能想出大量笑料，那不是很奇怪嗎？」

賽菲德再沉思了一下，然後笑著對賴特曼說：「這本來就很困難。」

當然困難。賽菲德、邁可・喬丹（Michael Jordan）或小威廉絲（Serena Williams）等人之所以出名，正是因為他們獨一無二。他們的成就難以企及，而那正是讓我們敬佩之處。

《哈佛商業評論》（*Harvard Business Review*）曾經向賽菲德指出，他收掉節目的部分原因是編劇過勞。[5]他們還詢問他與節目共同創作者賴瑞・大衛（Larry David），如果聘請麥肯錫等顧問公司建立更有效率的寫作流程，是否可以避免編劇過勞，繼續製作節目。

賽菲德問道，麥肯錫有趣嗎。

《哈佛商業評論》答說，不有趣。

「那我不需要他們，」賽菲德表示：「如果你很有效率，那就表示你做錯了。艱難的路才是正確的路。這部電視劇之所以成功，是因為我對它事必躬親，每一個字、每一句台詞、每一幕場景、每一版剪輯、每一次選角，我都要管。」

如果你很有效率，那就表示你做錯了。

這實在有違直覺；但是我認為它完美點出抄捷徑的危險。其中一個道理就是要理解成功的代價。

貝佐斯有一次談到熱愛工作的真相：

如果你的職場工作能夠有一半讓你樂在其中，那就很不可思議了。做到這一點的人少之又少。

因為真相就是，任何事物都有代價。這就是現實；每項事物都會有你不喜歡的地方。

你可以當上最高法院法官，但是工作裡頭還是會有一些你不喜歡的地方。你可以成為大學教授，卻仍然必須參與委員會會議。每份工作都會有你不喜歡的地方。

我們必須說：那是工作的一部分。[6]

那是工作的一部分。

所有事物都包含像這樣的部分。貝佐斯的忠告不只適用於職場。

值得追求的事物，沒有一個免費，這條簡單的法則顯而易見，卻很容易被忽視。怎麼可能免費？萬事萬物都要付出代價，而且代價通常和潛在報酬成正比。

但是，這些事物通常都沒有標價，而且你也不是用現金支付。大多數值得追求的事物的代價，都是以壓力、不確定性、和怪人打交道、官僚主義、和其他人互相抵觸的誘因、煩擾、荒謬無理、長時間工作，以及不斷懷疑的形式呈現。這就是脫穎而出的間接成本。

很多時候，這筆代價很值得。但是你必須理解，那是必須付出的代價。優惠券不多，特賣會也很罕見。

——

我們在生活中很容易忽略到，某個程度的缺乏效率不但無可避免，甚至是理想狀態。

史蒂芬・普雷斯菲爾德（Steven Pressfield）在發表《巴格・萬斯傳奇》（*The Legend of Bagger Vance*）*之前，沉潛寫作三十年。這本書出版之前，他的寫作生涯一片黯淡無光；他還一度住進租金低廉的中途之家。

他有一次形容那裡的居民是他所見過最風趣、最有意思的人。他說他很快就發現，這些人根本沒有瘋。相反的，他們恰好是那些能夠「看穿荒謬」的「絕頂聰明人」。正因如此，「他們才會難以在這個世界立足」。

「他們無法接受那些荒謬，所以保不住工作，」他說。[7]在世界的其他地方，這些人因為無法融入而被嫌棄。但是，普雷斯菲爾德說，他們其實是天才，只不過無法忍受別人的荒腔走板。

這番話讓我想起我一直相信的一件事。

如果你體認到缺乏效率（或是如同普雷斯菲爾德所說的「荒謬」）無處不在，那麼你要問的就不是「我要怎麼做才能避免這一切？」，而是要問：「要在一個混亂而不完美的世界裡走跳，我應該忍受到什麼程度才最恰當？」

如果你的容忍度為零，如果你對意見分歧、個人誘因、情緒波動、缺乏效率、溝通不良等事物感到不適，那麼你在需要他人協助的任何工作上，成功機率都接近零。正如普萊斯菲爾德所說，你會無法在這個世界立足。至於偏向另一個極端，也就是全然接受每一次的荒謬與煩擾，也同樣糟糕；世界會把你生吞活剝。

我們很容易忽略的是，有些壞事雖然糟糕，但是如果你動手根除，就會變成更嚴重的問題。我認為，最成功的人都能分辨，在什麼時候接受某種程度的容忍，比追求毫無荒謬與煩擾更有利。竊盜就是一個好例子。雜貨店如果對離開商店的每一名顧客脫衣搜身，可以根除竊盜事件。但是事情做到那個地步，沒有人會上門購物。因此，最理想的竊盜率絕對不是零。你要有某個程度的容忍，把它當成進步無可避免的成本。

各式各樣缺乏效率的狀況也都是如此。辨識自己應該忍受煩擾與荒謬到什麼程度，以求在和睦共處的過程中脫穎而出，這是一項獨特卻又被看輕的能力。

小羅斯福總統因為癱瘓，如廁時經常需要助理抬他去廁所；這位曾經是全世界上最有權力的人說過：「如果你的雙腿不能走，當你想要柳橙汁而別人卻給你送來牛奶時，

---

* 譯注：同名電影《重返榮耀》的原著小說。

你會學著說『沒關係』，然後喝掉它。」[8]

各行各業不盡相同，但是礙於現實需要而容忍麻煩是普世的價值。波動無常，人們日子過得不順遂、辦公室政治、碰上個性難相處的人、官僚體制，這些問題都很糟糕。但是如果你想達成任何事情，就必須在某種程度上忍受這一切。

許多管理者幾乎無法容忍荒謬無理的舉動，還認為這樣的零容忍態度很崇高。他們說，我要求卓越。但是，這不切實際。他們絕大多數人的職涯都不會平步青雲。複利效應的推動力是堅忍，所以在狂亂時期靜待一切過去並不是缺陷，這樣做只是在接受最適當程度的煩擾。

商業領域也一樣。我的朋友布倫特說，經營公司就像是吞著玻璃又臉上挨拳。「通常沒有一件事順利。情緒失控。一片混亂。」他也把經營公司比喻成每日的戰鬥：每天早上醒來，抄起你的刀，擊退挑戰，祈禱能活著回家。但是，經營公司的豐厚獲利完全來自於解決麻煩。他經常提醒別人：「有痛苦就有利潤。」忍受麻煩也有一個可以接受、甚至欣然接納的最適當水準。

另一個好處是：一旦你接受某個程度的缺乏效率，就不會再否認它的存在，對於世界如何運轉也會看得更清楚。

我曾經和一位執行長搭乘同一班飛機；他讓每個人都明確知道他是一位執行長。就在我們班機的登機門改了兩次之後，他的理智斷線，情緒失控。我心中納悶，要是他連不在自己掌控中的小小不如意都沒有能力處理，是怎麼達到今天的成就？最有可能的答案是，他否認現實，活在他自認為能掌控的事物所構築的世界裡，而他的部屬則是隱瞞壞消息，用來滿足他對精確程度不切實際的要求。

辨識代價，並願意付出代價，這是適用於許多事物的優良經驗法則。許多事物的代價，都是忍受最適當程度的麻煩。

接下來，我們要來談一個痛苦的事實：唯一比取得競爭優勢更困難的一件事，就是保持競爭優勢。

16

不斷奔跑

大部分競爭優勢最終都會消亡。

演化把自己的工作做得很好。它有一項工作就是讓動物的體型與時增長。愛德華・德林克・柯普（Edward Drinker Cope）是十九世紀的古生物學家。他追蹤數千個物種的譜系，發現動物的體型明顯隨著時間演進增長。這項研究成果後來被稱為「柯普法則」（Cope's Rule），但這個現象不夠普及，不能稱為定律。[1]

馬匹從像犬隻般嬌小演變為現代的高頭大馬；蛇從長度不超過一英寸（約二・五四公分）演變成現代的巨蟒；恐龍從三英寸長的蜥蜴演變為雷龍。至於人類，從數百萬年前成年人平均身高不滿四英尺（約一百二十二公分）的人類老祖宗，演變至如今現代人的身材。

這種發展並不意外。體型較大的物種更擅於捕獵、移動距離更長，而且可以承載更大的大腦。

但這當中有一個相當明顯的問題：為什麼演化沒有讓每個物種都變得體型龐大？

聖塔菲研究所（Santa Fe Institute）的亞倫・克勞塞特（Aaron Clauset）與自然歷史博物館（Museum of Natural History）的道格拉斯・艾爾文（Douglas Erwin）這兩位科學家在一篇論文中解釋原因，還用一個精彩的句子總結：「演化機制創造出更大型物種的傾向，會被滅絕機制消滅較大型物種的傾向抵銷。」[2]

生物學中的體型問題就像投資領域的槓桿操作：既放大獲利，也擴大損失。在一段時間內，這種模式都能運作良好，然後就在獲利不錯、但損失會很要命的時候，它卻兇猛的反噬。

以受傷為例。大型動物很脆弱：螞蟻從身高一萬五千倍的高度墜落，可以毫髮無傷；[3]老鼠從身高五十倍的高度墜落會骨折；人類從身高十倍的高度墜落會死亡；大象從身高兩倍的高度墜落，會像水球落地水花四濺一般粉身碎骨。

大型動物需要的平均土地面積較大，所以當土地減少，對牠們就是殘酷的考驗。[4]此外，相對於小型動物，大型動物的單位體重需要的食物也比較多，所以當飢荒出現，他們的死期也跟著逼近。他們不容易躲藏、行動遲緩、繁殖速度也緩慢。由於位在食物鏈頂端，他們通常不需要適應環境，但是一旦必須調適變化，這項特質就變成一種不幸的條件。最占有優勢的生物往往體型龐大，但是生存能力最強的生物往往體型嬌小。暴龍＞蟑螂＞細菌。

不可思議的是，演化鼓勵你把體型變大，又因為你體型大而降下懲罰。

這是發生在生活各個領域裡的明訓：競爭優勢不會長期存在。

讓我以美國家喻戶曉的企業西爾斯百貨（Sears）* 為例，來說明這個道理。

——

唯一比取得競爭優勢更困難的一件事，就是不要失去你所擁有的競爭優勢。

如果你是電影編劇，正要憑空想像出一間虛構的公司，它具備你能夠想像得到最強的競爭優勢，那麼你筆下的那間公司，很有可能和一九七〇年代的西爾斯百貨公司非常相像。

當時的西爾斯是全世界最大的零售商，座落於全世界最高的建築物裡，雇用的人數在全世界也是數一數二。

「不用別人講你也知道自己來對地方。這裡看起來十足就是百貨業權威的派頭，絕不會錯。」《紐約時報》在一九八三年這樣評述西爾斯百貨。[5]

西爾斯是經營零售業的高手，由於表現如此卓越，於是在一九七〇與一九八〇年代跨足其他領域，比方說金融業。它的旗下擁有全州保險（Allstate Insurance）、信用卡公司發現卡（Discover）、添惠證券（Dean Witter）與房仲公司冷泉銀行家（Coldwell Banker）。

從幾乎各個角度來看，西爾斯都堪稱當時的亞馬遜：在零售效率上稱王稱霸，甚至挾著這項魔法跨足異業，讓競爭對手聞風喪膽。《泰晤士報》（*Times*）在一九七四年如此報導：

> 美林證券（Merrill Lynch）董事長唐納德．雷根（Donald T. Regan）……昨天表示，他們的目標是要成為投資業的西爾斯……「我們必須盡可能提高效率、降低消費者的成本，」他說：「那就是西爾斯的成功之鑰，也是我們必須牢記的法則。」6

然後，一切崩塌，灰飛煙滅。

隨著所得不均的問題愈來愈嚴重，消費者也趨向兩極化，不是買廉價品，就是買奢侈品，西爾斯因此卡在日益萎縮的中間地帶。沃爾瑪（Walmart）與塔吉特（Target）這兩間更年輕、野心更大的零售商開始加入競爭。

到了二〇〇〇年代晚期，西爾斯失去往日的光彩與影響力。我家附近的西爾斯百貨

---

* 編注：全名為西爾斯羅巴克公司（Sears, Roebuck and Company）。

掛著「營業中」的牌子，彷彿在提醒那些屏棄它的顧客。

西爾斯失去競爭優勢的故事耐人尋味，但是西爾斯不是唯一一間面臨如此遭遇的公司。從許多方面來看，曾經呼風喚雨的公司最終都會落入相同的宿命。

公司掛牌上市顯示他們找到競爭優勢，足以擴展規模，成為大型企業。但是，從一九八〇年到二〇一四年，將近四〇%的上市公司市值全部蒸發。[7]位居財星五百大企業前十名、卻以破產告終的公司包括通用汽車、克萊斯勒（Chrysler）、柯達（Kodak）與西爾斯。至於和往日相比變化太大、以致於難以辨識的公司名單更長，包括奇異（General Electric）、時代華納（Time Warner）、美國國際集團（American International Group，AIG）與摩托羅拉（Motorola）。國家的命運也遵循類似的軌跡發展；在過去幾段不同的時期，世界的科學與經濟進步一直由亞洲、歐洲與中東地區主導。

曾經的強者失去優勢時，眾人忍不住奚落領導者的錯誤。但是，當你擁有競爭優勢，特別是正因為你擁有競爭優勢，反而容易忽視有多少股力量會把你從占據競爭優勢的地位拉下來。成功會伴隨著它獨有的下墜引力。石油大亨湯瑪士・布恩・皮肯斯（Thomas Boone Pickens）曾說：「猴子爬得愈高，你就愈能看清牠的屁股。」

競爭優勢衰退有五項主要原因。

第一，做對事會讓人生出一股自信，相信自己不會做錯，而在一個樹大招風、競爭對手緊跟在後的世界，這是一種毀滅性的特質。規模和成功有關，成功和傲慢有關，而傲慢是終結成功的開端。

第二，成功往往會帶來成長，而且成長通常是刻意追求而來，但是大型組織和小型組織完全不同，讓某種規模取得成功的策略，一旦規模不同可能就行不通。過去十年的明星投資基金經理人在下一個十年績效低落，這種故事屢見不鮮，由來已久。有一些人是失去幸運之神的眷顧。但是，成功也會吸引資金，而大型投資基金不如小型投資基金靈活。這種狀況在職場上被稱為彼得原理（Peter Principle）：有能力的員工會不斷升遷，直到他們陷入困境而失敗為止。

第三，說來諷刺，人們之所以拚命努力取得競爭優勢，通常就是為了在未來的某一個時間點，不必再那麼拚命努力。努力是為了追求目標，一旦實現目標，鬆懈一下也是理所應當，但是戒慎恐懼的心態也會隨之消散。競爭者就在此時悄悄乘隙而入，世界也在渾然不覺間不斷變動。

第四，一項技能就算在一個時代價值不菲，到了下一個時代可能一文不值。你可以像過去一樣拚命努力、戒慎恐懼，但是如果你的技能不再受到世界重視，這樣做就是損失。只用一招打天下的人很多，因為在繁榮時期，具備單一專長的人與公司通常能獲得最高的報酬。

最後，有些成功歸因於在正確的時間出現在正確的地點。然而，往往只有在事後回過頭看的時候才最清楚，我們應該回歸現實、揭開幸運的真面目，而照見真相能讓人態度謙卑，同時卻也不願相信事實。

優勢有保存期限，這個觀念是成長的基本要素。事情不一定要以悲劇收場，也不是所有的競爭優勢都會走向和西爾斯相同的結局。英國失去十九世紀時的經濟與軍事霸主地位，但是在二十世紀仍然是相當不錯的居住地。

然而，競爭優勢往往為時短暫，而這通常是因為它們所帶來的成功會埋下讓自己走向衰退的種子。

利伊・范華倫（Leigh Van Valen）是一位看似瘋狂的演化生物學家，他提出一個相當破天荒的理論，沒有一本學術期刊願意刊登，於是他自創期刊發表，而他的論點最後成為普世接受的觀點。

這些違反直覺、但最終得到驗證為真的觀念，是最值得我們關注的觀念，因為它們最容易被忽視。

科學家數十年來一直認為，物種存續的期間愈長，存續的機會就愈高，因為時間證明了這些物種具備長存的力量。世代綿長不只是獎勵，也是預言。

一九七〇年代初期，范華倫開始研究，要證明這項傳統觀點為真。但是，他無法證實。資料兜不攏。

於是，他開始懷疑演化其實是一股無情而殘酷的力量，物種能長久存續，不過是運氣比較好。資料更符合這項理論的說法。

你可能認為一個正在尋找棲位（niche）*的新物種很脆弱、容易滅絕，例如他們在某個期間內滅絕的機率是一〇%；相對來說，一個古老物種因為已經證明自己具備生存的能力，因此滅絕的機率較低，比方說只有〇．〇一%。

但是，當范華倫根據物種存續期間來繪製物種滅絕狀況的圖表時，趨勢圖上的曲線看起來更接近直線。

* 編注：指生物在生態中的地位，泛指最適合物種生存的環境與條件。

有些物種的存續期間很長。但是各個物種群之間，無論存續期間是一萬年或一千萬年，滅絕的機率大致相同。

范華倫在一九七三年發表的論文〈全新演化法則〉（A New Evolutionary Law）裡寫道：「任何一類生物滅絕的機率，實際上和存續期間長短無關。」

如果你取一千顆彈珠，每年丟掉其中二％，二十年後有些彈珠還會留在罐子裡。不過，每一年每顆彈珠被挑中丟掉的機率都一樣是二％。也就是說，彈珠留在罐子裡的機率並沒有變高。

物種也是一樣。有些物種剛好存續很久，但是繼續存活下去的機率並沒有隨著時間而增高。

范華倫主張，事情之所以如此發展，主要是因為演化競爭不像足球比賽，一旦贏家出現、比賽結束，就可以休息一下。[8]競爭從來無法喊停。當一個物種取得比競爭對手更好的優勢，就會立刻刺激競爭對手進步。這是一場軍備競賽。

演化是一門優勢學。范華倫的觀點很單純，他認為沒有長久的優勢。每個人不斷瘋狂爭先恐後，但是沒有人可以遙遙領先，享有滅絕的豁免權。

有些物種不斷演化，但是其實沒有適應得更好，因為威脅不斷在改變。黑犀牛在遭到盜獵者捕殺導致滅絕之前存活了八百萬年。雷曼兄弟在不斷調適環境中走過一百五十年、挺過三十三次經濟衰退仍然蓬勃發展，結果在不動產抵押債權證券化（mortgage-backed securities）踢到鐵板，彈指之間就消失了。

沒有人永遠都很安全，也沒有人可以停下腳步。

范華倫稱之為演化的「紅皇后假說」（Red Queen hypothesis）。在《愛麗絲夢遊仙境》（*Alice in Wonderland*）中，愛麗絲遇見紅皇后，那是一個必須不斷奔跑才能留在原地的國度：

> 無論他們走得多麼快，似乎沒有超前任何東西。可憐又疑惑的愛麗絲心想：「是不是所有的東西都在跟著我們一起動？」紅皇后似乎猜到她的想法，便大聲喊道：「跑快點！別想說話！不斷的跑！」

為了留在原地而「不斷奔跑」，這就是演化的運作方式。

現代生活裡的大部分事物，不都是如此嗎？

商業？

產品？

職場？

國家？

人際關係？

以上皆是。

演化無情又絕不心慈手軟，它不會告訴你什麼東西有用，而是透過毀掉沒有用的東西來給我們教訓。

本章的核心要點之一是，當看到主宰一個時代的事物在下一個時代消亡，不需要感到驚訝，因為這是歷史最常上演的故事之一。只有少數公司、產品、音樂家、城市或作家能數十年常青，而最長也就數十年。至於走過數十年還不退潮流的那些事物，如披頭四樂團（Beatles）、Levi’s牛仔褲、士力架、紐約市，都是罕見的例外。

另一項核心要點則是，你要不斷奔跑。沒有任何競爭優勢可以強大到讓你安於現狀。事實上，看似能讓你高枕無憂的競爭優勢，往往會讓你自取滅亡。

我接下來要分享的是，想要判斷未來有多麼美好為什麼如此困難。

17

未來的奇蹟

我們總是感覺自己落於人後，
也很容易小看新科技的潛力。

對於那些最終將會改變世界的新科技，世人的反應會依循一條典型的路徑發展：

- 我從來沒聽過。
- 我聽過，但是不了解。
- 我了解，但是看不出來它有什麼用。
- 我理解有錢人會覺得它很有趣，但我不這麼覺得。
- 我會使用，不過它只是個玩具。
- 它對我愈來愈有用。
- 我隨時隨地都在使用它。
- 我無法想像沒有它的生活。
- 說真的，人沒有它能過活嗎？
- 它實在太過強大，需要規範。

這種事一再發生。一個小小的發明未來會發展成什麼樣子，潛力難以想像。

縱觀歷史，一個常見的觀點就是認為過去的創新都相當偉大，但因為我們已經達成所有近在眼前的創新，未來的創新必然很有限。

一九〇八年一月十二日，《華盛頓郵報》刊登一篇全版的報導，標題是〈美國思想家預測未來的奇蹟〉。[1]

出現在報導中的其中一位「思想家」，就是湯瑪斯・愛迪生（Thomas Edison）。當時愛迪生已經改變世界，他是他那個時代的史蒂夫・賈伯斯。

《華盛頓郵報》編輯問道：「發明的時代要過去了嗎？」

愛迪生答道：「過去？」他重複編輯的話，對於對方拋出這樣的問題顯然驚訝不已。「怎麼會，根本都還沒開始。我應該已經回答了你的問題，你還有別的事想問嗎？」

「所以您相信，世界未來五十年在機械與科學上，會出現和過去半個世紀同樣重大的發展嗎？」《華盛頓郵報》再次提問。

「會更重大，而且重要性更甚。」愛迪生答道。

「您認為這樣的發展會出現在哪些方面？」他們問。

「各個方面。」

這不是盲目的樂觀。愛迪生了解科學發現的過程，知道重大創新不會突然冒出來，而是結合好幾項小創新，慢慢累積起來。愛迪生不是偉大的計畫者。他是多產的修補匠，會運用自己不太了解的方法東拼西湊，並且相信過程中的小小發現可以相互結合，成為更有意義的發明。

比方說，第一顆燈泡並不是愛迪生的發明，他只是以別人已經創建的成果為基礎來大幅改良。一八〇二年，在愛迪生發明燈泡前四分之三個世紀，英國發明家亨佛瑞・戴維（Humphry Davy）用碳棒當作燈絲，發明一種稱為弧光燈（arc lamp）的電燈。[2]它的原理和愛迪生的燈泡類似，但是亮度高得不實用，直視它幾乎會讓人失明，而且用沒幾分鐘就會燒壞，所以很少人用。愛迪生的貢獻是調整燈泡的亮度以及使用壽命，這是重大的突破。不過，它是奠基在過去數十項突破上，而那些突破個別來看都似乎沒有什麼意義。

這就是愛迪生對創新如此樂觀的原因。

他解釋道：

你永遠無法預測看似微小的發現會產生什麼結果。有人發現新東西後，立刻就有大批實驗者與發明家用它玩出各種變化。

他舉出一些例子：

就拿麥可．法拉第（Michael Faraday）的銅盤實驗來說，它看起來就像某種科學玩具，不是嗎？不過，它最後為世人帶來了電車。或者，以克魯克斯管（Crookes' tube）為例；它看起來像是學術發現，但是我們從它當中發現X光的應用。如今，有一大批實驗人員投入工作，而他們的發現會帶來多麼重大的事物，沒有人能夠預測得到。

「你問我發明時代是否已經結束，」愛迪生說：「怎麼會？我們什麼都還不知道呢。」

當然，事情的發展正是如此。

飛機在一九〇〇年代初期投入實務應用時，首要任務之一就是設法預見它能帶來什麼利益。幾個顯而易見的例子是遞送郵件與空中競速。

沒有人預測到核能發電廠會出現，但是如果沒有飛機，它們就不可能問世。沒有飛機，就不會出現航空炸彈；沒有航空炸彈，就不會有核彈；沒有核彈，就不會發現核能的和平用途。

當今的創新也是一樣。阿帕網（ARPANET）是美國國防部在一九六〇年代的專案，目的是串聯多台電腦來管理冷戰的機密資訊，後來則成為網際網路的基礎。如果沒有阿帕網，就不會出現 Google 地圖、稅務軟體 TurboTax 與 Instagram。這項創新的一端是核戰威脅，另一端是讓你可以窩在沙發裡報稅的各項發明；五十年前，我們根本無法想像這兩者之間的關聯，但這樣的關聯的確存在。

作家薩菲・巴考（Safi Bahcall）提到，為了治療寄生蟲病而被餵食奎寧（quinine）的狗，尿液中出現一種不尋常的結晶，因而促成拍立得底片問世。結果，那些結晶是迄今為止所發現最好的偏光片（polarizer）。

有誰預測到結果？有誰預料到這項發明？沒有人，一個人都沒有。

同理，臉書（Facebook）一開始是讓大學生用來分享週末喝得醉醺醺的照片，不到十年就成為操縱全球政治最有力的工具。還是一樣，我們不可能有先見之明能將這些關聯連結起來。

這就是為什麼所有的創新都難以預測又容易被低估。從 A 到 Z 的路徑可能極其複雜，最後又走向非常奇怪的地方，因此我們幾乎不可能運用目前手邊的工具，推演出它們可能變成什麼樣貌。此時此刻的某個地方有個人，正在發明或發現一些會徹底改變未來的事物。但是，你可能要經過很多年才會知曉。這就是創新運作的鐵則。

演化生物學有一個理論叫作「費雪天擇基本定理」（Fisher's Fundamental Theorem of Natural Selection），[3]它的觀念是：變異就是力量，因為群體愈是多樣化，就愈有機會產生能夠中選的新性狀。沒有人知道哪些性狀有用；演化不是這樣運作。但是，如果你創造出許許多多的性狀，而且是有用的性狀，無論那是什麼性狀，它們就會留在某些地方。

創新也是如此。不管任何時候，我們左看看新創公司的成就、右瞧瞧科學家的發現，都很容易覺得我們在做的事充其量算是還不錯，但是對照往昔就相形失色。既然我們永遠無法得知各項創新會如何碰撞激盪，最省事的辦法就是宣告最好的日子已經過去，同時忽視眼前工作所蘊藏的潛能。

本章的一項核心要點就是，我們很容易老是感覺自己落後。在大部分時期，我們會覺得好像已經十年或二十年沒有發明出任何有用的東西。但是，這不過是因為，一項創新可能需要十年或二十年才會變得有用。當你體認到進步是一步一步、在日積月累中緩慢達成的時候，你就會發現，沒人多看幾眼的小創新就像是種子，蘊藏能夠組合成偉大事物的潛能。

ＶＩＳＡ公司創辦人迪伊・霍克說：「一本書遠遠不只有作者書寫的內容，它還包含你能夠想像得到與讀懂的一切。」新科技也是如此。每一項新科技的價值不只是它的效用，而是能力與觀點截然不同的人們最終能夠用它成就什麼結果。

另一項核心要點是，人們很容易低估兩樣小東西能夠如何組合成龐大的事物。以大自然的運行為例：從北方吹來的一些冷空氣不算什麼，從南方吹來的一些暖風和煦宜人；但是，兩者在密蘇里州上方混合在一起時，就會產生龍捲風。這正是所謂的湧現效應（emergent effect），力量可能非常強大。新科技也一樣。一件乏味的小事搭上另一件乏味的小事，可能會演變出一件天翻地覆的大事，如果不循著指數成長的觀念思考，難以揣摩究竟。職場上也會出現同樣的現象：擁有幾項普通技能的人，在適當的時機將技能加以組合運用，成就會比一名只專精於一件事的專家高好幾倍。

一九〇八年一月十二日，就在《華盛頓郵報》刊出採訪愛迪生的專欄文章的同一天，人類史上第一則遠距無線訊息從法國發出。[4]

沒有人預見得到它最終成就哪些發明，其中包括在一百一十四年之後，幫助我用來寫作本書、寄送稿件給出版商的工具。

一如既往。

接下來我要講的故事是，人們有多麼善於隱藏自己的生活有多麼艱難。

18

比看起來更困難，
又不像看起來那麼有趣

用糞肥灌溉的草地，看起來總是比較綠。

一九六三年，《生活》雜誌訪問詹姆士・鮑德溫（James Baldwin），問他寫作的靈感從何而來。他答道：

你以為自己的痛苦、心碎掙扎是前所未有的經驗，但是等到你翻開書本，才發現不是那麼一回事。是書本讓我知道，折磨我最深的那些事物，正是我和所有存活過的人之間的連繫。藝術家算是某一種情緒歷史學家。[1]

這是很精闢的觀察評論。但是，我認為他這段話描述的情況很罕見。大部分人不會透露是什麼讓他們痛苦、是什麼讓他們恐懼、是什麼讓他們不安，也不會表明自己是否真的快樂。人很少會坦誠告訴別人自己的缺點與失敗。我們目前最常看到的狀況是，人們精心妝點用以示人的面貌。

有一句我不知道出處的說法是：外來的和尚會念經。這句話類似聖經裡說的「沒有人在自己的國家是先知」。後者蘊含更深的意涵，不過兩句傳達的重點相同：當人們不夠了解你，看不出你的平庸，最容易說服他們相信你很特別。

在你和別人比較職涯、事業與生活時，切記這一點。

「一切都是銷售」，這是我花了一段時間才理解的至理名言。世界上的一切都是銷售。這句話通常被視為職場建言，也就是無論你在公司裡扮演什麼角色，最終的工作都是協助銷售。

但是，這句話也適用於很多事情。

「一切都是銷售」也表示每個人都在試圖塑造自己的形象。這種形象能幫助我們向他人推銷自己；有些人比較積極大膽，但是每個人都在玩形象遊戲，儘管自己沒有意識到。既然這是塑造出來的形象，就不是完整的觀點，而且外面附有一片濾鏡，讓人們大肆宣揚自己的能力，隱藏自己的缺點。

有位朋友曾經向我抱怨，他的雇主效率低落、工作流程不順、內部溝通不良。他接著說，他們的競爭對手好多了，公司上下同心協力。我問他怎麼知道，畢竟他沒有在那間公司工作過，也不曾踏進那間公司。他表示我這話有理；只是因為從外面看起來就是這樣。

但是，從外面來看，幾乎萬事萬物都會更美好。

我敢說，競爭公司裡的員工也會找出自家公司的營運缺陷，因為他們對自家公司很了解，就像我朋友熟知自己的公司一般，都能清楚看見裡頭所有的內幕。人只有在內部、在壕溝裡，才能看到所有一場糊塗的人格特質與艱難萬分的決策。布倫特．貝修爾（Brent Beshore）說：「所有企業都是運作鬆散的災難。」但是企業就像一座冰山，你只看得到冰山一角。

人類也是一樣。Instagram上都是海灘度假的照片，不是班機延誤的照片。履歷上強調職涯的成就，但是對懷疑與擔憂隻字未提。投資大師與商業泰斗很容易被拱上神壇，這是因為你對他們的了解不夠深入，沒有目睹他們做決策的過程就算不是糟糕透頂，也不過是普普通通。

事情當然有程度高低之分。有些公司的經營比其他公司更好；有些人比一般人更有洞察力；也有少數幾個人的確出類拔萃。

但是，當一個人精心塑造自己的形象時，外人絕對難以知道他們真正的程度水準。俗話說：「糞肥灌溉的草地，看起來總是比較綠。」*

偶爾，連結真實世界的窗戶會打開。華倫．巴菲特的自傳《雪球》（*Snowball*）揭露，這位投資界最受尊崇的人物，也有家庭生活悲慘的時候。部分責任要歸咎於他自己，因為這是讓選股成為生活最優先事項所帶來的損害。

比爾・蓋茲與梅琳達・蓋茲（Melinda Gates）也一樣。他們的生活看似和童話故事一樣迷人，直到離婚的醜聞曝光。馬斯克被問及特斯拉幾經波折所帶來的精神負擔時，一度崩潰落淚：「我確實為它付出代價，不僅沒辦法見到孩子，也沒辦法和朋友見面。」[2]

我從小就有慢性口吃。當我告訴認識多年的人這件事，對方往往會說：「我從來都不知道你有這個問題。」他們這樣說是出於善意，但是其實卻剛好凸顯出這個議題。你從來都不知道我有口吃，是因為當我知道自己會碰上困難時，就乾脆不講話。你永遠不知道別人隱藏著什麼樣的掙扎。我老是在想，我認識的人當中到底有多少人也有口吃，只不過他們和我一樣，多半都把它隱藏起來了。類似這樣的問題還有多少？憂鬱、焦慮、恐懼……很多事情都可以找到方法掩飾，用虛假但看似正常的面具，遮住一個人內心的煎熬。

回到冰山的話題：大部分的人在大多數時候所看到的事物，只是真實情況的一部分，或是他人腦中想法的一個片段。而且所有困難的部分都已經被剔除。

---

* 譯注：原文是 The grass is always greener on the side that's fertilized with bullshit，句中的 bullshit 也有吹噓之意，因此這句話語帶雙關，也可以解釋為：吹噓出來的生活，看起來總是比較光鮮亮麗。

大部分事情都比看起來更困難，也沒有看起來那麼有趣。

由此我們可以推論出以下幾件事。

當你深刻感受到自己的掙扎而看不見他人的掙扎，很容易會認為你沒有別人具備的某些能力或祕訣。我們愈是把成功人士描繪成具備超人般力量的角色，大家愈會望著他們說：「我永遠做不到。」這實在很可惜，因為如果大家能夠知道，他們所敬佩的人或許只是善於把握機會的平凡人，那麼就會有更多人願意嘗試挑戰。

當一個人其實不如大家想的那麼卓越非凡卻被過譽時，我們更有可能高估他們針對某個領域的意見，儘管他們在這個領域不具備特殊的長才；舉例來說，像是成功避險基金經理人的政治觀點，或是政治家的投資建議。你只有深入了解一個人才會發現，人再怎麼出色，頂多只能在一些事情上成為專家，其他事情還是不靈光；即使如此，這個人也要夠厲害才能達到這樣的程度。某人的能力值得讚揚和某人的想法不容質疑，兩者之間存有重大差異。這就像是吃橘子，要知道剝皮。

每個人都在和自己的困難奮鬥，他們不會到處宣揚這件事，至少在你們還沒深交之前，你不會知道對方的困境。銘記這一點，你就會對自己和他人變得更寬容。

下一章，我們要來解釋好人為什麼會做壞事。

19

誘因：全世界最強大的力量

人們在誘因引導下，可以找到正當理由去做幾乎每一件事，
也可以為幾乎每一件事辯護。

《華爾街日報》的傑森・齊威格（Jason Zweig）說，專業作家的寫作之道有三：

1. 欺騙想要被騙的人，你就能致富。
2. 對想要真相的人說實話，你能夠謀生。
3. 對想要被騙的人說實話，你將會破產。

這三句多麼精采的總結顯示出誘因的力量，也說明為什麼有人會做出瘋狂的事。

———

阿基諾拉・博拉吉（Akinola Bolaji）在三十五歲時從事網路詐騙已有二十年。他冒充美國漁民，欺騙容易上鉤的寡婦匯錢給他。《紐約時報》問這個奈及利亞人，對無辜的人造成這麼多傷害，他有何感受。他回答：「我當然也有良知。但是貧窮會讓人感覺不到責難的痛苦。」

挨餓的人比較容易想出正當的理由去欺騙別人。

饒舌歌手聲名狼藉先生（Notorious B.I.G.）有一次無意間提到，他小學四年級就開始販賣快克古柯鹼。[1]

他說明事情的來龍去脈：他從小就對藝術有興趣，老師也鼓勵他成為藝術家，還告訴他可以真的靠作畫謀生。於是他開始夢想成為商業藝術家，幫人設計廣告看板。然後，有一天，有人帶他入行賣快克。他回憶道：「哈哈，這時我心想，商業藝術?!哈哈，老兄，我在這裡待二十分鐘，就能賺到白花花的鈔票。」

蘇聯詩人葉夫根尼．葉夫圖申科（Yevgeny Yevtushenko）曾經推測，在伽利略（Galileo）生活的時代，應該有幾位科學家同樣相信地動說。「但是他們要養家」，所以不曾公開直言。[2]

這些極端的例子都和一個主題有關，它對你我在內的所有人都會產生影響，儘管我們不承認，但實際上我們受到的影響比想像更深遠；這個主題就是誘因。而誘因是全世界最強大的力量，可以讓人們找到正當理由去做幾乎每一件事，也可以為幾乎每一件事辯護。

一旦你了解誘因的力量有多強，當你再次看到世界從一個荒謬的狀況跳進另一個荒謬的狀況時，就不會感到詫異。如果有人問我：「世界上有多少人是真正的瘋子？」我或許會答，我不知道，大概三%到五%吧。但是如果你問我：「假使誘因對了，世界上有多少人願意去做瘋狂的事？」我會說，噢，五〇%輕鬆起跳。

無論你掌握多少資訊與背景脈絡，最有說服力的事物，就是你拚命追求的事物，或是你需要它成為現實的事物。一如康納曼曾經寫道：「找出別人的錯誤比看見自己的錯誤更容易。」誘因之所以強大，不只是因為它會影響其他人的決定，也是因為它讓我們渾然不覺自己受到多少影響。

班傑明・富蘭克林（Benjamin Franklin）曾經寫道：「說服之道在於誘之以利，而非說之以理。」誘因會增強故事的力量，為人們的行為與信念找尋正當的理由，讓他們即使在做明知錯誤的事、相信明知不是正確的事，也能心安理得。

詹姆斯・克利爾（James Clear）這樣說：「人是遵從誘因，而不是遵循建議。」

——

這是發生在我的熟人身上的真實故事：他原本是一個披薩外送員，在二〇〇五年成為次貸銀行家。

幾乎在一夜之間，他一天的進帳就比送披薩一個月的收入還多。他的生活因此徹底改變。

我們可以站在他的立場思考這件事。他的工作是是放款，他靠放款養家。如果他不做這些放款業務，也會有別人做，所以反抗或辭職對他來說都毫無意義。

在二〇〇〇年代中期，每個人都知道次貸遊戲是個笑話，每個人都知道它總有一天會完蛋。但是，要讓像我朋友這樣的人說出「這件事無法長久，所以我要辭職，回去送披薩」，根本難如登天。對大部分人而言，同樣很難做出這樣的選擇。我當時沒有責怪他，現在也不怪他。

二〇〇八年金融危機期間，很多銀行家把事情搞砸。但是，我們當中有太多人高估自己對利益的抵抗力，倘若那些豐厚利益是在我們眼前晃來晃去，我們根本不知道自己會做出多踰矩的行為。大多數人都對自己的缺點視而不見。富蘭克林曾經說過，邪惡自知醜陋，因而隱於面具之後。

沿著這門職業的食物鏈往上走，從證券經紀人到執行長、投資人，到不動產鑑價師、不動產仲介、炒房客，再到政治家、央行總裁，他們全都有強烈的誘因，不要把船掀翻。因此，雖然市場早就無以為繼，每個人還是繼續划槳。

有時候，這會帶來更極端的行為與後果。

在一部描繪前墨西哥毒梟「矮子」（El Chapo）的紀錄片中，可以看見這名暴力、兇殘的販毒集團頭子，在墨西哥的貧窮村莊受到熱烈的歡迎與支持。村民不惜一切代價保護他，其中一位村民解釋：

你看到的這些人幾乎沒有收入。但是你會看見矮子三不五時就停下來和某個人聊天，問他：「你的生活過得怎麼樣？」那個人可能會說：「哦，我的女兒要結婚了。」矮子會告訴他：「這件事包在我身上。」他會找個大場地、請來樂隊表演、供應酒與食物，還邀請全鎮的人來參加婚宴。新娘的父親說：「因為有矮子，才可能有這一切。」[3]

當面臨這樣的情況，你都會看見誠實、善良的好人最終支持惡行，或是參與其中，因為隨波逐流的誘因是如此強烈。而且，在每一種情況當中，影響人們的都不只有財務誘因。誘因可能和文化與部族社群有關，人們會因為不想冒犯群眾，或是害怕遭到排擠而支持某些事物。大多數人可以抵抗財務誘因，文化與部族社群的誘因則比較難抗拒。

誘因最大的影響力之一，是讓人們渴望只聽到他們想聽的、只看到他們想看的。

一九九七年，名為「天堂之門」（Heaven's Gate）的異端宗教相信，彗星後面跟著一艘太空船，正前往地球迎接真正的信徒，要帶他們去天堂。

幾個信徒合資購買一部高倍數望遠鏡，想要親眼看看這艘太空船。

他們在天空中找到彗星，但是沒有看到彗星後方跟著太空船。

於是他們帶著望遠鏡回到店裡，要求老闆退款。店經理問他們商品出了什麼問題。這些信徒說，沒錯，這台望遠鏡顯然壞掉了，因為鏡頭裡看不到太空船。[4]

人會相信自己想要相信的事物，史上由來已久。

不是只有異端宗教的信徒會這樣。

當誘因把你推向某個方向，你就很難保持純粹的客觀。

一九二三年，亨利・魯斯（Henry Luce）想要創辦一本叫作《事實》（*Facts*）的雜誌，只報導客觀的事實或真相。但是魯斯很快就發覺，這件事比想像中還困難。於是他把雜誌改名為「時間」，也就是我們熟知的《時代》雜誌（*Time*），要旨是：出版人能提供的最高附加價值，就是以簡潔有力的報導節省讀者的時間。魯斯說：「告訴我有誰認為自己客觀，我會告訴你他是在自欺欺人。」[5]

這句話只要變化一下，就可以套用於許多領域，特別是付費購買專家見解的服務業。知道什麼是正確的事，以及靠著提供你認為是正確的事來討生活，兩者之間可能有差異。

這個現象可能在投資、法律與醫學領域最常見；當「什麼都不做」才是最好的答案時，職場誘因卻會要你「做點什麼」。[6]

雖然有時候這樣做不道德，不過可以算是沒有惡意的「自保」行為。不過我認為，這多半還是因為顧問如果告訴客戶「我們現在什麼都不用做」，他們會覺得自己很沒用。於是，為了讓自己看起來有用，他們把只需要簡單處理的事變得更複雜，甚至在複雜反而會導致反效果的時候一意孤行。

幾年前，喬恩・史都華（Jon Stewart）採訪投資人暨ＣＮＢＣ主持人吉姆・克萊默（Jim Cramer）。當被問及ＣＮＢＣ的節目內容既矛盾又空洞時，克萊默說：「你聽我說，我們每天要做十七個小時的電視直播。」史都華回道：「或許你們可以減少時數。」[7]他說得對。但是電視圈裡的人做不到。

有一位醫生曾經告訴我，有一件事最重要、但是醫學院沒有教，那就是醫學與行醫之間的差別：醫學是生物科學，而行醫通常是一項社交能力，需要管理期望、理解保險制度、有效溝通等等。

本章有三項重點特別要注意。

誠實的好人會因為誘因而出現瘋狂的行為，因此我們很容易低估世界失序的可能性。

從戰爭到經濟衰退、詐欺，從企業倒閉到市場泡沫，所有事物發生的頻率都比我們所想的更高，因為規範人們願意去做某些事的道德界限，會因為誘因而升高或降低。

誘因是一把雙面刃。在誘因和進步方向一致的世界中，我們很容易低估人們能做多少好事、能力會變得多麼優秀，又能夠達到什麼樣的成就。

極端是常態。

無法長久的事物會比你預期的還要長久。

誘因會讓瘋狂、無法長久的趨勢延續到超過看似合理的時間，這是因為人們礙於社會與財務因素，會盡可能拖延自己接受現實的時間。

有個好問題是：「如果誘因改變，我目前有哪些觀點也會跟著改變？」

如果你的答案是「沒有」，那麼你可能不只被你的誘因說服得服服貼貼，還被它給蒙在鼓裡。

——

談到說服，我們接著來討論一個相關的觀點：最有說服力的事物莫過於自己的親身體驗。

20

現在才明白

最有說服力的事物莫過於自己的親身體驗。

最有說服力的事物莫過於你的親身體驗。你可以閱讀、可以學習，也可以具備同理心。但是在親眼目睹之前，你通常不知道自己願意做什麼、想要什麼、願意做到什麼地步。

美國總統杜魯門曾說：

> 除非特別強調，下一代從來無法從上一代身上學到任何事……我曾經納悶，下一代為什麼無法從上一代身上記取教訓，非得等到親身經驗給他們一記當頭棒喝才會學乖。

貫穿歷史的一項重要主題就是，偏好反覆無常，我們不會知道自己遭遇環境的極端變化時將如何反應，只有親身經歷之時才會揭曉。

經濟大蕭條最引人注目的地方不只是經濟崩潰，還有世人的觀點因而急速且劇烈的大轉變。

一九二八年，美國人以史上空前壓倒性的高票數（四百四十四張選舉人票）把賀伯・胡佛（Herbert Hoover）送進白宮。一九三二年，他們又以同樣壓倒性的低票數（五十九張選舉人票）趕他下台。

然後，劇烈的轉變展開。

金本位制度消失，持有黃金事實上變成違法的行為。

公共建設激增。

納稅人提撥退休保險金的制度數十年來毫無進展，第一次世界大戰之後推動最用力的那一次，結果卻是支持者在國會山莊的草坪上被捕。但經濟大蕭條卻讓事情驟然改變：一個非主流的構想突然受到接納；在一九三五年，眾議院以三七二比三三、參議院以七七比六的票數通過《社會安全法》。

與此同時，在另一方面，據說有富商要發動政變、推翻小羅斯福總統，由海軍陸戰隊將領史麥德萊・巴特勒（Smedley Butler）取而代之，成為獨裁者，[1]這類似當時席捲歐洲的法西斯行動。[2]

這些都是人們生活溫飽、工作穩定時不會發生的事。人們總要等到生活天翻地覆、希望破滅、夢想渺茫時才會說：「我們之前聽到的那個瘋狂想法是什麼？也許我們應該試一下。反正其他做法全都行不通，試一下又何妨。」

喜劇演員崔佛・諾亞（Trevor Noah）有一次談到祖國南非的種族隔離制度時指出：「如果你在絕望與恐懼之間找到適當的平衡點，就可以驅使人們去做任何事。」[3]除非等到那一刻來臨，否則你很難理解這個道理，也很難理解你在風險、恐懼與絕望之中會有什麼反應。

最有力的例子就是在一九三〇年代的德國，先發生惡性通貨膨脹，鈔票都變成廢紙，後來他們又遇到經濟大蕭條。

《我們知道的事》（*What We Knew*）一書採訪第二次世界大戰之後的德國平民，試圖探究一個最進步又文明的文化怎麼會如此急遽轉變，犯下人類歷史上最嚴重的暴行：

> 〔訪問者〕：訪談一開始的時候，你說大多數成年人都很歡迎希特勒的政策。
>
> 〔德國平民〕：沒錯，毫無疑問。大家要記得，我們在一九二三年遇到通貨膨脹……〔貨幣〕已經膨脹一兆倍……然後希特勒帶著他的新構想上台。大多數人的處境確實有所改善，失業多年的人能找到工作，大家當然都支持這個體制。
>
> 有人幫你擺脫危急狀況、生活過得更好，你就會支持他。難道你覺得大家會說「這一切實在荒謬到家，我反對」嗎？不會。不會發生那種事。[4]

或者，我們也可以舉瓦爾蘭・沙拉莫夫（Varlam Shalamov）為例。這位曾經被監禁在蘇聯勞改營古拉格（gulag）長達十五年的詩人曾經描述，[5]普通人在壓力與不確定性的影響之下，崩潰的速度有多快。找來一個善良、誠實、有愛心的人，剝奪他的基本必需品，你很快就會看到一個無法辨認原貌的怪物，為了生存什麼都願意做。沙拉莫夫寫道，在高壓之下：「三週就能讓一個人變成一頭野獸。」

歷史學家史蒂芬・安布羅斯所記錄的二戰士兵，接受基本訓練之後充滿幹勁與信心，加入前線時滿懷戰鬥的渴望。但是，等到他們遭遇槍擊，一切都改變了。

「訓練絕對無法讓一個人做好戰鬥的準備，」安布羅斯寫道。[6]你可以從訓練中學會如何開槍與服從命令，但是「無法學會如何在機關槍從四面八方掃射而來的戰場上，無助的躺在槍林彈雨之下」。在親身經歷之前，沒有人能了解實際情況。

這些都是最極端的實際例子。但是，人在壓力之下將很快接受原本絕對不會同意的觀念與目標，這種事例在歷史上斑斑可考。

以第二次世界大戰之後實施的九四%稅率為例。低稅賦是一九二〇年代最受歡迎的經濟方針，任何建議加稅的人都被趕到一邊去。然後，隨著大蕭條與戰爭相繼爆發，一切都被推翻。一九四三年，小羅斯福總統實際上把所得限制在相當於每年四十萬美元的水準，超過這個數字的所得金額，一律課徵九四％的稅。隔年，他以壓倒性的優勢當選連任。

雷根革命的狀況也相仿。一九六四年，美國政府得到將近八成美國人民的高度信任。[7]接著，時序進入一九七〇年代。通貨膨脹率與失業率長年居高不下，當有政治人物說政府沒辦法解決問題、政府本身就是問題的根源，這時候的美國人已經可以聽進這些言論。

本章的重點就是，我們真的不知道未來五年或十年會推動什麼政策。出乎意料之外的困境會讓人們去做、去思考一些在太平時期從來不曾想像的事情。

你的個人觀點也會掉進同樣的陷阱。「別人恐懼、我貪婪」這句話在投資時說起來容易、做起來難，因為人會低估真的遇到市場崩盤時，自己的觀點與目標將發生多大的變化。

在經濟衰退期間，你之所以接受自己一度認為無法想像的觀念與目標，是因為在經濟衰退期間發生變化的不只是資產價格。

如果我今天要想像自己在股價跌三成時會有什麼反應，在我想像中的世界裡，一切都會和今天一模一樣，唯一不同的是股票價值少三成。

然而，世界不是這樣運作。

經濟衰退不會單獨發生。股價會跌掉三成，是因為有一大群人、公司與政客搞砸某些事，而這些事可能會削弱我對經濟復甦的信心。因此，我的投資首要條件可能會從成長轉向保值。在經濟繁榮時，我們很難找到影響這種思維轉變的脈絡。因此，儘管巴菲特說別人恐懼時要貪婪，認同這句話的人還是遠多於實踐這句話的人。

同樣的觀念也適用於公司、職涯與人際關係。在艱困時期，我們會去做、去思考一些在太平時期想像不到的事情。

演藝人員克里斯．洛克有一次開玩笑說，在學校裡真正在教導孩子的人：「一半是老師，一半是惡霸，」他說道：「而學習如何應付惡霸是你長大成人後實際會用到的那一半知識。」[8]這是有關風險與不確定性的真實體驗，除非親身經歷，否則你無法理解。

切記，這件事也有一體兩面。反過來說，我們也通常不知道自己飛來橫財或鴻運當頭時會有什麼反應，除非等到自己親身經歷過。

登陸月球是人類做過最酷的事。

你以為這種體驗會讓人久久不能自已。但是當太空船在月球上方盤旋時，麥可．柯林斯（Michael Collins）轉頭對尼爾．阿姆斯壯（Neil Armstrong）與巴茲．艾德林

（Buzz Aldrin）說：

> 沒想到人這麼快就能習慣，實在讓人驚訝。你知道嗎？現在往外一望就能看到月球掠過窗口，我一點也不覺得奇怪。[9]

三個月後，執行阿波羅十二號任務（Apollo 12）的艾爾．比恩（Al Bean）在月球上漫步時對太空人彼特．康拉德（Pete Conrad）說：「這感覺有點像那首歌唱的：就這樣嗎？」聽聞此語，康拉德鬆一口氣，因為他也隱隱有同感，認為自己的月球漫步雖然是個壯舉，但還稱不上驚天動地。

期望也會改變，而且標準變動的速度比你想像得更快。柯林斯曾經這樣說艾德林：「我認為他對於沒有成為登月第一人的憾恨，勝過成為第二人的感恩。」

我想我從沒遇過或聽聞任何一個取得非凡成就的人，生活過得和其他人預期的一樣幸福快樂。這並不表示成功無法帶來自豪、滿足或獨立，只是狀況通常不會和你取得成功之前的想像一模一樣。

金凱瑞（Jim Carrey）曾經說過：「我認為每個人都應該致富、出名、去做他們夢想中的一切，這樣他們就會明白這不是自己想要的。」

這個狀況有一部分原因和你難以預測自己會如何應對風險一樣：除非親身經歷，否則難以想像完整的脈絡。

如果你想像未來自己住進一座新豪宅，你想到的是一片金碧輝煌，一切都感覺棒極了。但我們很容易忘記，住在豪宅裡的人同樣會得流感、罹患乾癬、官司纏身、和另一半起口角，還會因為缺乏不安全感而飽受折磨，也會覺得政客很煩人，這些狀況隨時都會取代物質上的成功所帶來的快樂。未來的命運是憑空而來的想像，而現實總是好壞交織，兩者都在爭奪你的注意力。

你或許自認為自己知道那會是什麼感覺。等到你親身體驗，才會發現，啊，好吧，它比你想的更複雜。

現在你明白了。

接下來，我們來聊聊「長期」。

21

長期思維

說「我要長期做這件事」，
有一點像是在珠穆朗瑪峰山腳下指著山頂說：
「那就是我要去的地方。」
嗯，很不錯。現在考驗來了。

沒有任何事物能拆散我們。我們大概還會再在一起十年。

——伊麗莎白．泰勒（Elizabeth Taylor），申請離婚五天前。

長期思維這件事，相信容易、實踐難。

大部分人都知道，不管是投資、職涯或人際關係，只要是任何有複利效應的事物，抱持長期思維都是正確的策略。但是說「我要長期做這件事」，有一點像是在珠穆朗瑪峰山腳下指著山頂說：「那就是我要去的地方。」嗯，很不錯。現在考驗來了。

長期做某件事比大部分人想像的都還困難，但這也是為什麼長期獲利比許多人所認為的還要豐厚。

凡有價值的事物都有價碼，但價格不一定顯而易見。長期去做某件事的真正代價在於必備的技能與必要的心態，不過這很容易被輕描淡寫帶過，用簡短的一句「要更有耐心」來總結，彷彿這樣說就能解釋為什麼有這麼多人辦不到。

想要有效率的長期做好某件事，你必須了解幾項要點。

長期只是你必須忍耐的許多短期的集合體。

即使你說自己是以十年作為投資的時間期限，也無法免於未來十年受到種種荒誕怪象的影響。每個人都必須歷經衰退、空頭、崩潰、意外與迷因。

因此，不要以為抱持長期思維的人不必應付短期的不合理狀況，而是應該問：「我要怎麼做才能忍受無窮無盡的荒誕怪象？」

長期思維可能是一張會騙人的安全毯，大家以為可以用它繞開痛苦、無法預測的短期。但是，這種事永遠不會發生。或許事實恰好相反：時間期限愈長，經歷的苦難與災厄就愈多。棒球運動員丹・奎森貝瑞（Dan Quisenberry）曾說：「未來很像現在，只是時間更久。」

要應付這個現實，需要一種容易被忽略的校準技能。

光是你相信要抱持長期思維還不夠。你的夥伴、同事、配偶與朋友都必須和你同行。

虧損四〇%的投資經理人可以對投資人說「沒關係，我們是做長期投資」，並且保持信念。但是，投資人可能不相信。他們或許會迅速撤資，公司可能無法生存。那麼，就算最後證明經理人是對的，也無關緊要，畢竟到時候已經沒有人留在場上收穫利益。

就算你有勇氣堅持下去，但是配偶沒有，也是殊途同歸。

或者，你有一個出色的構想需要時間來證實，但是你的老闆與同事沒那麼有耐心。

這些現象都不罕見，反倒是生活中最常見的結果。

其中許多狀況都是因為，你的信念和你能說服別人相信的事物之間有落差。

大家嘲諷金融業多短視之輩，他們笑得有理。但是我也理解，之所以有這麼多金融專業人士往短期主義靠攏，原因就是客戶會在問題一出現跡象時就逃之夭夭，而短期主義是維持企業經營的唯一辦法。但是，客戶之所以逃之夭夭，往往是因為操盤者沒有好好溝通，仔細說明投資將如何運作、他們的策略是什麼、投資人應該抱持什麼樣的期待，還有如何應對不可避免的波動與週期循環。

最後證明自己正確是一回事，但你能夠最後證明自己是正確的，而且還說服周遭的人嗎？這完全是另一回事，而且人們很容易疏忽這一點。

頑固經常會偽裝成耐心。

世界在變，因此改變想法不但有益，還很重要。

但是，要改變想法非常困難，因為比起承認自己的錯誤，欺騙自己相信謊言要容易多了。

犯了錯卻不想改變想法的人，可能會把長期思維當作依靠。當他們面對那些曾經正確、但世界已經改變想法的狀況時，這些人會緊抓過去不放，然後說「我只是早了一步」，或是「其他人都瘋了」。

要從長期思維得益，你必須能夠分辨自己什麼時候是在保持耐心，什麼時候只是冥頑不靈。這件事做起來並不容易。唯一的辦法是，要了解你所處的產業有哪幾件極少數永遠不會改變的事物，把它們挑出來，至於其他所有事物都放在一個需要不斷更新與調整的桶子裡。那幾件極少數絕對不會改變的事物，是你可以運用長期思維的選項。其他一切事物都有保存期限。

長期思維和時間期限無關，而是和彈性有關。

如果現在是二〇一〇年，而你說「我的投資期限是十年」，你的目標日期就在二〇二〇年。然而，二〇二〇年的世界崩亂動盪。如果你是一間企業或一名投資人，要盼望世界給你那份你一直耐心等待的報酬，這實在是個糟糕的時間點。

有期限的長期投資可能和短期投資一樣，都必須仰賴機會出現。

保持彈性才是更好的策略。

時間是複利的魔法，重要性不容忽視。但是，當長期投資結合彈性的期限，也就是投資期間不固定，你的贏面會最大。

葛拉漢說：「保留安全邊際的目的，是讓預測變得沒有必要。」你的彈性愈大，就愈不需要知道接下來會發生什麼事。

還有，絕對別忘記凱因斯說的：「長遠來看，我們都死了。」

——

長期思維的另一項重點在於，它會如何影響我們吸收資訊。

我在閱讀時會試著問自己：一年後我還會關心這件事嗎？十年後？八十年後呢？

即使答案是否定的也沒關係，甚至很多時候答案都是否定的。但是，如果你誠實的面對自己，或許會開始轉向關心更恆久的資訊。

資訊有兩種：一種長久有用，一種則會過期。

「人們在遇到從來不曾理解過的風險時會出現什麼行為？」這是長久有用的資訊；

「微軟在二〇〇五年第二季的獲利是多少？」這是會過期的資訊。

會過期的資訊常引起不必要的過多關注，原因有二。

第一，會過期的資訊太多，並急切的想要占據我們短暫的注意力。

第二，我們追逐會過期的資訊，焦急的想要在它變得無關緊要之前榨取洞見。

長久有用的資訊則比較難被注意到，因為它藏在書本的字裡行間，而不是醒目的掛在新聞標題上。但是它的好處良多，原因不只是長久有用的資訊永遠不會過期，可以累積。它還會充分利用你已經學到的知識，在日積月累中產生複利效應。會過期的資訊可以告訴你發生了什麼事；長久有用的資訊可以告訴你某件事為什麼會發生，又為什麼很可能再次發生。其中的「為什麼」會轉化你對其他主題的知識，並且和它互動、激盪，這正是複合作用發揮效果的時候。

我每天看報、讀書。我想不起來二〇一一年在報紙上看到的任何一件事；但是我可以詳細告訴你我在二〇一一年閱讀的幾本好書，以及它們如何改變我的思考方式。我永遠都會記得它們。我會繼續看報，但是如果我讀更多書，或許就能發展出更好的過濾機制與思考框架，精進我解讀新聞的功力。

這裡的重點不在於你應該少看新聞、多讀書，而是讀好書能讓你更容易理解應該關注哪些新聞內容，又不應該注意哪些新聞內容。

下一章我們將要討論：什麼時候過度努力反而有害。

22

過度努力

困難不會幫你加分。

本章要討論的是一項恆久不變的人類行為怪癖：我們深受複雜、能啟發智識的事物所吸引，對簡單但非常有效的事物不屑一顧，又偏好複雜但效率較差的事物。

———

二〇一三年，時任國家癌症研究所（National Cancer Institute）所長哈洛德・瓦穆斯（Harold Varmus）在一場演說裡描述，對抗癌症的戰爭變得多麼艱難。《國家癌症法案》（National Cancer Act）在一九七一年簽署時的目標是根除癌症，而這項目標似乎永遠遙不可及。瓦穆斯說：

> 我們現在必須誠實面對一個矛盾的狀況。儘管我們在了解癌細胞的潛在弱點方面取得卓越進展，但是在控制癌症這種人類疾病的方面，我們的成就尚未達到我認為可以達到的進展。[1]

他說，我們缺少的那塊拼圖，就是我們過度重視癌症的治療，卻不夠重視癌症的預防。人類對抗癌症的戰爭如果想要再下一城，就必須把預防放在第一線。

但是，預防工作沉悶乏味，特別是和癌症治療的科學與聲譽相較之下更是如此。因此，即使我們知道預防有多麼重要，聰明人也很難認真看待這件事。

麻省理工學院（MIT）的癌症研究人員羅伯・溫伯格（Robert Weinberg）曾經這樣描述：如果人一開始沒有得癌症，就不會死於癌症。[2]但是，我們很容易忽視這個簡單的事實，因為它在智識上沒有任何啟發。

> 說服某人戒菸是一種心理活動，和分子、基因與細胞無關。所以像我這樣的人對它基本上沒興趣。

溫伯格說，儘管如此，在人類對抗癌症的戰爭中，讓人們戒菸所帶來的影響力，比他身為生物學家一生中能夠做到的任何一件事都更加強大。

很令人震驚，對吧？

我們聽到一位世界頂尖的癌症研究人員說，如果他專心致志於讓人戒菸，可以在人類對抗癌症的戰爭中產生更大的影響力，只是對他來說，這樣做在啟發智識思考上不夠有效。或許對許多科學家來說，都是如此。

我不怪他，況且溫伯格在人類對抗癌症的戰爭當中貢獻良多。不過，這個例子告訴我們，雖然簡單的做法成效更好，複雜的做法卻因為可以帶來刺激而更受到偏愛。

而且，我要告訴你，這是適用在許多事物上的重要課題。

電腦科學家艾茲格・迪科斯徹（Edsger Dijkstra）曾經寫道：

> 真理最重要的特質就是簡單；我們應該深諳這個道理，但是複雜的事物持續散發出一種病態的吸引力。如果你對學術界的聽眾進行一場從頭到尾直白清晰的演講，聽眾會覺得自己被騙了……苦澀的事實就是，複雜的事物賣相更好。[3]

複雜的事物賣相更好。

當然是這樣，而且這種情況四處可見。

舉個簡單的例子：美國憲法有七千五百九十一字；反觀抵押貸款合約，平均都超過一萬五千字；至於蘋果 iCloud 的服務協議條款是七千三百一十四字；而美國稅法的字數則超過一千一百萬字。

有時候，我們必須把事情拖長一點、久一點。第二次世界大戰之後，同盟國開會討論如何處置德國時，邱吉爾表示：「我們要面對的是八千萬人民的命運，需要不只八十分鐘來思索。」

但是，在大多數情況下，少數幾個簡單的變項卻決定了大多數的結果。你只要掌握少數幾項關鍵就可以了。後來才添加的東西大多都是不必要的事物，不是在智識上誘導你，就是在浪費你的時間，不然就是設計來讓你困惑或留下深刻的印象。

大自然早就明白這個道理。

十九世紀的古生物學家薩繆爾．威利斯頓（Samuel Williston）首先注意到生物身體部位減少的歷史趨勢。遠古動物通常有許多重複的身體部位，演化過程減少這些部位的數量，但增加剩餘部位的用處。威利斯頓在一九一四年寫道：「演化的過程會減少身體部位的數量，並改造那些留下來的部位，讓它們更接近特定用途；調整方式可能是增加尺寸，或是改造形狀與結構。」[4]

有數百顆牙齒的動物，通常會演化出一些具有特殊用途的門齒、犬齒與臼齒。數十塊下頷骨也會合成兩大塊下頷骨。[5]一般由數百塊小骨頭組成的頭骨，則演化成通常不到三十塊骨頭的頭骨。

演化找到它的簡化之道。如果演化會說話，它會說：「廢物統統閃一邊去。只要給我少數幾個需要的東西，讓它們發揮效用就好。」

學習複雜主題的一項技巧，就是辨識有多少複雜的細節其實和某個簡單的事物系出同源。約翰．里德（John Reed）在著作《成功》（*Succeeding*）裡寫道：

> 你第一次著手研究一個領域時，看似必須背誦無數東西。其實不用這麼做，你只需要辨識主宰這個領域的核心原則，通常會有三到十二條。你以為必須背誦的幾百萬條事項，不過是核心原則的各種不同組合。[6]

這太重要了。在財務領域，開銷低於收入、把收支的差額存起來、保持耐心，知道這三件事，大概就知道如何做好財務管理所需的九成工作。但是大學裡教的是什麼？如何為衍生商品訂價並且計算淨現值。在健康領域，核心原則是睡八個小時、多運動、吃原型食物，但是不要吃太多。但是現在流行什麼？營養補充品、小訣竅與各種藥丸。

馬克·吐溫說，孩子會提供最有趣的資訊：「因為他們知無不言、言無不盡，而且講完就停。」成年人往往會喪失這項技能，不然就是學會另一項新技能：如何用廢話讓人目眩神迷。史蒂芬·金在《史蒂芬·金談寫作》（*On Writing*）當中說到：

> 這是一本簡短的書，因為大部分討論寫作的書都滿紙廢話。我認為書籍愈簡短，廢話愈少。[7]

例如詩集。

於是我們要問：為什麼？如果維持簡單與簡潔就好，為什麼複雜、冗長的事物會如此有吸引力？

原因有幾項：

複雜給人一種掌控一切的安心感，而簡單與一無所知之間難以區分。

在大部分領域，大多數結果都取決於少數幾個變項。但是，只關注那幾個變項，會讓人感覺像是把大半結果交給命運決定。你可以操縱的東西愈多，像是上百個欄位的試算表，或是大數據分析，哪怕只是感覺知識增加，也會覺得自己握有愈多的掌控權。

反過來說，只注意幾個變項，一概忽略其他大部分變項，會讓你看起來很愚昧無知。如果客戶問你：「這個呢？這是怎麼回事？」而你卻回答：「哦，我不知道，那個我連看都沒看。」對方聽在耳裡八成會覺得你什麼都不知道，而不是認為你精通簡化的藝術。

你不懂的事物會創造出一種氛圍，讓你覺得懂得這些事的人很神祕。

如果你說一些我不知道、但是聽得懂的事情，我可能會覺得你很聰明。但是如果你說一些我聽不懂的事情，我或許會認為你有一種能力，可以用我無法理解的方式思考一個主題，這是一種層次截然不同的敬佩態度。如果你懂我不懂的事情，我就難以判斷你的知識在那個領域的局限，因此更容易對你的觀點照單全收。

長篇大論通常是唯一可以彰顯努力與深思熟慮的訊號。

一本講述單一主題的非虛構書籍，一般來說大概是兩百五十頁，或是大約六萬五千個字。

有趣的是，一般讀者買書之後，大部分有大半本都沒讀過，就連暢銷書也是讀個幾十頁就打住了。[8]因此，長篇大論除了提供更多資料，一定還有其他目的。

我的理論是，長篇大論是為了顯示作者花在思考某個主題的時間比你多，而這可能是唯一一項數據，可以暗示他們或許具備你所沒有的真知灼見。這不表示他們的想法正確，而且你可能讀完兩章就已經理解他們的觀點。第三章到第十六章的目的，通常是為了顯示作者下了多少工夫，才會產生第一章與第二章或許有的真知灼見。研究報告與白皮書也是如此。

簡單的事物感覺像是輕鬆的散步，複雜的事物感覺像是心智的馬拉松。

做運動時如果重複的訓練動作沒有讓你感到痛苦，你就不算真正在運動。痛苦是進步的象徵，表示你正在支付的是不能省的入場費。簡短而簡單的溝通就不一樣。理查・費曼與史蒂芬・霍金可以用不會讓你頭痛的簡明語言教數學，不過這不是因為他們把主題簡化了，而是因為他們知道，怎麼用最少的步驟來學習全部的知識。有效的經驗法則不會繞過複雜的事物不提；它是把你不明白的事物包裝成你可以理解的要領。就像棒球運動員可以透過將視線與球保持水平，便知道球的落點，正如物理學家可以精準計算出球的飛行軌道。

簡單做法的問題在於，如果重複的訓練動作沒有讓你感到痛苦，你就沒有鍛鍊心智的感覺。我們可能因此偏好刻苦學習，而且學生其實也能接受，因為它感覺就像是在做認知思考的仰臥推舉，具備所有想當然耳的益處。

十九世紀時有一名年輕的醫生叫作湯瑪士・麥克雷（Thomas McCrae），他對自己的能力還沒有什麼信心。有一天，他診斷一名病人患的是一種常見、不嚴重的胃病。結果，每個學生最害怕的事發生了，在一旁觀察的醫學教授打斷麥克雷，說這名病患得的其實是一種罕見而嚴重的疾病。麥克雷壓根沒聽說過這種疾病。[9]

根據教授的診斷，病患必須立刻開刀。教授打開病人的身體一看，發現麥克雷的初步診斷正確無誤。病患沒什麼事。

麥克雷後來寫道，他其實很慶幸自己不曾聽聞那種罕見疾病。這讓他能夠專注於最有可能的診斷結果，而不是像他那位學問更高深的教授，受到尋找罕見疾病所累。

他寫道：「這件事的寓意並不是在於無知是一種優勢。但是有些人過度痴迷於罕見事物的想法，反而忘記診斷的平均法則。」

這樣做並不直覺，所以會讓人抓狂跳腳。此外，很難確定什麼時候會發生這種事，或許麥克雷的教授只是適度的謹慎小心？

不過，幾乎適用於所有領域的一項事實是：困難不會幫你加分。過度努力、過度沉迷於複雜的做法可能反招大害。

我們已經一路來到最後一章；接下來是我最喜愛的主題之一。

23

傷口會癒合，
但疤痕一直都在

你有哪些我所沒有的經驗，讓你相信自己所做的事？
如果我和你有一樣的經驗，我對世界的看法會和你一樣嗎？

開車經過華盛頓特區的五角大廈，你看不到一絲一毫二〇〇一年九月十一日當天飛機撞擊留下的痕跡。

但是，同一條路再開個三分鐘，到了雷根國家機場（Reagan National Airport），九一一事件的傷痕隨處可見。安檢時要脫鞋、脫外套、解下皮帶、拿出牙膏、雙手舉高、清空水壺。

這裡要談人類思考方式的一個共同主題：傷口會癒合，但疤痕一直都在。

人類適應與重建狀況的歷史很悠久，然而磨難留下的疤痕永遠都在，改變他們有生之年對風險、報酬、機會與目標的看法。

人類行為有一項要素，就是經驗和你不同的人，想法也會和你不一樣。他們會有不同的目標、眼光、願望與價值觀。因此，大多數辯論並不是真的意見不合；只是經驗不同的人彼此討論。

我來講幾段歷史故事，描述人們的生活觀受到個人經驗的重大影響而劇烈轉變。

第二次世界大戰期間，東線戰場在四年內有超過三千萬人死亡，這個數字相當於加

州的總人口數。一九四〇年，組成蘇維埃共和國的十幾個領地約占全球人口的一〇％。到了一九四五年，這裡有將近一四％的人口死亡，七萬個村莊遭到摧毀殆盡。[1]

據說這個地區至今還找得到骨頭、子彈與炸彈，但是戰爭造成的實體破壞，大部分在一九六〇年都已經清理完畢。工業重建、人口重整；戰爭結束不到十年，人口總數就超過戰前的水準。

在戰後向全球市場開放經濟的日本，這股趨勢更是明顯。一九四六年，日本生產的糧食只足夠供應國民每天一千五百卡的熱量。[2]一九六〇年時，日本已經是全世界發展最快的經濟體之一，國民生產毛額從一九六五年的九百一十億美元增加到一九八〇年的一兆一千億美元，科技與製造的水準足以和其他地區匹敵，甚至超越全球。

經濟衰退也是如此，景氣終究會好轉。還有市場也是如此，市況最終會復甦。還有企業也是如此，過去的錯誤會被遺忘。

但是，疤痕一直都在。

有一項涵蓋十三個國家、兩萬名二戰倖存者的研究發現，這些人成年後罹患糖尿病的比例比平常高出三％，憂鬱症也高出六％。[3]相較於沒有歷經戰火的人，他們比較不想結婚，對於老年生活也比較不滿意。

歷史學家佛德烈克・路易斯・艾倫在一九五二年時如此描述那些歷經大蕭條的人：

（他們）當時被一種縈繞不去的恐懼所啃蝕，擔心更糟糕的事情還在後頭，而且很多時候真的就挨餓了……。

（他們）後來對舊時霍瑞修・愛爾傑（Horatio Alger）的成功法則嗤之以鼻；對於為了遠大抱負而冒險抱持懷疑的態度；偏好缺乏冒險創新但有保障的工作、社會保險計畫、退休金計畫。他們從痛苦的經驗當中學會渴望安全感。4

他們從痛苦的經驗當中學會渴望安全感。

容我再次提醒，這段話是寫於一九五〇年代；那時的美國經濟蓬勃發展，失業率接近歷史低點，不到三％。

我們太容易在回顧歷史時說「你看，如果堅持長期思維，事情會好轉、生活照常」，而沒有體認到心態比建築物與現金流更難修復。

世界萬物都可以看見、可以衡量，除了人的情緒、恐懼、希望、怨恨、目標、動機與期望。這多少說明了為什麼歷史是一連串令人費解的事件，而且未來也會是如此。

心理學家伊凡・帕夫洛夫（Ivan Pavlov）訓練他的狗流口水。

他的做法是在餵食之前搖鈴。狗學會把鈴聲與即將出現的食物連結起來，從而引發分泌唾液的反應。

帕夫洛夫的狗向心理學家揭示行為學習科學的奧祕而聞名於世。比較少人知道的是這些可憐的狗兒幾年後的下場。

一九二四年，帕夫洛夫的實驗室與狗舍所在的列寧格勒市（Leningrad，即現今的聖彼得堡）遭遇一場大洪水。洪水淹沒狗籠，有幾隻狗因而死亡。倖存的狗游了四分之一英里（約四百公尺）才安全脫險。帕夫洛夫後來表示，這場洪水是這些狗兒有生以來經歷最深的創傷。

然後，有意思的事情發生了：當鈴聲再次響起，這些狗兒似乎已經忘記牠們學習到的流口水行為。

洪水退去後第十一天，帕夫洛夫寫到其中一隻狗的事：

鈴響後，制約反射幾乎完全消失；牠們再次拒絕食物，變得非常不安，不斷盯著門口瞧。[5]

帕夫洛夫這位好奇的科學家，投入數個月研究洪水如何改變這些狗兒的行為。很多狗兒都變得完全不同，洪水過後，牠們的性格截然不同，過去所習得、根深柢固的行為也消失無蹤。帕夫洛夫總結事情經過，以及這項理論如何適用於人類：

> 引發極度興奮的各種條件，通常會導致神經與精神活動嚴重而長期的失衡……自己或親近的朋友遭遇極端的危險，甚至目睹一些對當事人沒有直接影響的可怕事件，都可能會造成精神官能症與精神病。[6]

人們通常很健忘，大多時候會忘記負面的經驗，也不會留心過去學到的教訓。

但是，重大的壓力會留下疤痕。

如果你曾經直擊毀滅事件，並懷疑自己能否倖存，這種經歷會重新設定你的期望，並且改變過去根深柢固的行為。

奧利佛・溫德爾・霍姆斯（Oliver Wendell Holmes）說：「心智一旦經過全新的經驗而拓展開來，就永遠無法回復原樣。」

這就是為什麼經歷過經濟大蕭條的那一代，金錢觀會自此改變。他們存更多錢、負擔更少債務、對風險保持警覺，而且終其一生都是如此。這一點甚至在經濟大蕭條還沒結束之前就已經明顯可見。歷史學家佛德烈克・路易斯・艾倫引用《財星》雜誌（*Fortune*）一九三六年的一篇文章：

> 當今的大學生是聽天由命的一代……他們不會冒險。他們冷靜沉著、振作不喪志、沉默寡言。如果平均值可以反映事實，那麼這是一個謹慎、克制、沒有冒險精神的世代。

第二次世界大戰之後也出現類似的狀況。

戰後的美國經濟繁榮發展，而在飽受戰火蹂躪殘破不堪的歐洲，情況卻截然不同。一九四七年，漢密爾頓・費雪・阿姆斯壯（Hamilton Fish Armstrong）在《外交事務》期刊（*Foreign Affairs*）描述歐洲的生活：

每一分鐘都用在蒐羅足夠的食物、衣物與燃料，好度過接下來的二十四個小時。每一樣東西都少得可憐……可以住的房屋太少，也沒有足夠的玻璃可以裝窗戶；製鞋的皮革、織毛衣的羊毛、做料理用的瓦斯、製作尿布的棉花、熬果醬的糖、煎炸用的油、餵嬰兒的牛奶、洗滌用的肥皂，全都少之又少。[7]

戰後，凱因斯預測，遭受戰火破壞的國家會持續懷抱「對社會與個人安全的渴望」。

果不其然。

歷史學家東尼・賈德（Tony Judt）指出，戰後的歐洲處境極其悲慘，只有國家才能為大批流離失所的人民帶來救贖的希望。[8]確實如此。從豐厚的失業保險金到全民健保制度等，在美國不曾受到歡迎的制度，戰後都在歐洲變得普及。

歷史學家麥可・霍華德（Michael Howard）曾說，戰爭和福利息息相關。[9]也許是因為一個人不管財務準備再怎麼健全、再怎麼趨避風險、再怎麼有遠見，遇到戰爭也會被徹底擊垮。歐洲人無法選擇要不要參加第二次世界大戰，而且無論他們是否支持這場戰爭，戰爭都成為他們一生中最迫切的問題；無論他們是否為參戰做好準備，戰爭都粉碎了他們的掌控感。

這就是為什麼歷經一九七〇年代與一九八〇年代的嬰兒潮世代，對於通貨膨脹的想法，是他們的年輕子女無法參透的。

這也是為什麼當今的科技創業家可以分成兩種明顯不同的類別：一類在一九九〇年代末期經歷過網路泡沫破，另一類因為太年輕而沒有經歷過這段時期。

人在遭遇重大而意外的打擊之後，往往會發生兩件事：

- 認定剛剛發生的那件事會不斷發生，而且力道更大、後果更嚴重。
- 儘管原來那起事件發生的機率微乎其微，而且就算有人預料到，也是寥寥無幾，但你還是滿懷信心的如此預測。

意外事件的衝擊愈大，就愈是如此。

重點在於，沒有經歷過那場重大事件的人難以理解你的觀點。

人類最古老的故事，就是兩個人意見不合的故事。

「你為什麼和我意見不同？」這個問題有無限個答案。有時候是因為其中一方自私，或是愚蠢，或是盲目，或是無知。

但是，通常比較好的問題是：「你有哪些我所沒有的經驗，讓你相信自己所做的事？如果我和你有一樣的經驗，我對世界的看法會和你一樣嗎？」

關於人們為什麼意見不合，這個問題能找到最多答案。

但是，這個問題實在不好開口。

想到自己沒有的經歷可能會改變自己的信念，讓人如坐針氈，因為這是承認自己的無知。所以，認定那些意見和你不合的人思緒沒有你縝密，這樣想反而容易得多。

因此，儘管獲取資訊的管道爆炸性成長，人們還是會意見不合，甚至想法比以往都更為分歧。因為正如班乃迪克・伊凡斯（Benedict Evans）所言：「人們在網際網路上接觸到愈多新觀點，就愈會因為不同觀點的存在而更加憤怒。」

與其說意見不合的癥結在於人們的所知，不如說是在於人們的經歷。

既然經歷一定不一樣，分歧就會一直存在。

過去一直如此。

未來必然如此。

一如既往。

自我提問清單

諾曼地大登陸行動的前一天晚上，羅斯福總統問夫人艾莉諾（Eleanor），對於不知道接下來會發生什麼事，她有什麼感受。

「人活到快六十歲還受不了未知，這不是很可笑嗎？」她說。[1]

沒錯。但我們就是受不了；過去如此，未來也會是如此。

想到眼前是一個充滿不確定性的黑洞，實在讓人膽怯；因此，相信會發生相反的狀況，認為我們可以預見未來，而且未來的路徑不但合乎邏輯，還可以預測，反而比較輕鬆容易。歷史上最普遍而且一錯再錯的信念，莫過於此。

想要一掃未來的不確定性，一個典型的方法就是凝望得更遠、端詳得更仔細，用更多數據、更多情報做更精確的預測。

但是，比這個方法遠遠更為有用的是反其道而行：回頭看，而且視野要廣闊。與其設法推敲未來可能出現的細微變化，不如研究我們過去一直沒躲掉的重大事件。

我在十年前訂下目標，要多讀歷史，少看預測。這是我一生中最有啟發的其中一項改變。令人啼笑皆非的是，我讀愈多歷史，對未來就愈安然自在。當你著眼於亙古不變的事物，就不會再試著預測不確定的事件，而是會花更多時間去理解恆久不變的行為。但願本書能推你一把，走上這條路徑。

我盡量不給我不認識的人建議，因為每個人都不一樣，而普世通用的準則少之又少。因此，本書的尾聲不會逐條列出結論，供各位在生活中實行，而是留下一張問題清單，讓你思索答案，每一道問題都和本書的章節內容有關。

誰知道正確解答，卻因為不善言辭而被我忽視？

如果出生在另一個國家或世代，我會不同意自己現在抱持的哪些觀點？

有哪些事物因為我非常希望它們是事實，即使它們顯然是假的，我依然認定它們是真的？

有哪個問題我認為只會發生在其他國家、產業或職業，最終卻對我產生衝擊？

有哪些事物我信以為真，但其實只是高明行銷的產物？

有哪些事物因為我沒有親身體驗過，而對它的運作方式無知輕信？

有哪些事物看起來無法長存，但其實是我們尚未接受的全新趨勢？

有哪些我以為很聰明的人，其實根本鬼話連篇？

我是否準備好面對自己根本無法預料到的風險？

如果誘因改變，我目前有哪些觀點也會跟著改變？

有哪些我們如今忽略的事物，在未來會看起來極其顯而易見？

有哪些只差一點就會發生的事件一旦真的發生了，將會完全改變我所知道的世界？

我的成就有多少是我無法控制的事物產生的貢獻？

我要怎麼知道自己是有耐心（一種能力）或是頑固（一種缺點）？

有哪些我敬仰的人其實有悲慘不為人知的一面？

有哪些我想要省掉的麻煩事，其實是成功必須付出的代價？

有哪些我奉為榜樣的瘋狂天才，其實不過是個瘋子？

有哪些我所抱持的強烈信念最有可能改變？

有哪些事物恆久為真？

有哪些事物一如既往？

致謝

寫作有時候是一場寂寞的奮鬥。只有你、鍵盤與思緒跌宕起伏的大腦；這一刻還為自己的創意而興奮不已，下一刻卻又陷入自我懷疑。

但是，從某些方面來看，寫作的核心在於社交。每位作家都會省思自己受到多少人的啟發，並體認到自己的寫作受到數十位或數百位作家、思想家、研究人員以及各式各樣的智者所影響。

無論這些人是否知情，但有幾個人對我特別有啟發與幫助：

卡爾・李察斯（Carl Richards）

約翰・李維（John Reeves）

克雷格・夏皮羅（Craig Shapiro）

丹・加德納（Dan Gardner）
貝瑟妮・麥克林恩（Bethany McLean）
凱瑟琳・金波（Kathleen Kimball）
麥特・柯本海佛（Matt Koppenheffer）
傑森・茨威格（Jason Zweig）
貝蒂・柯希（Betty Cossitt）
諾亞・史瓦茲伯格（Noah Schwartzberg）
莫莉・格里克（Mollie Glick）
馬克・品格爾（Mark Pingle）
克雷格・皮爾斯（Craig Pearce）
布萊恩・李察斯（Brian Richards）
珍娜・阿比度（Jenna Abdou）
麥克・愛爾利克（Mike Ehrlich）
埃利克・拉森（Erik Larson）
比爾・曼恩（Bill Mann）

德瑞克・湯普森（Derek Thompson）

湯姆・格伊諾（Tom Gaynor）

克里斯・希爾（Chris Hill）

甘蒂絲・米洛德（Candice Millard）

羅伯特・克森（Robert Kurson）

金正宙（Jung-ju Kim）

詹姆斯・克里爾（James Clear）

法蘭克・豪瑟（Frank Housel Sr.）

麥可・巴特尼克（Michael Batnick）

當然還有我的太太葛瑞琴（Gretchen）、我的父母班（Ben）與南西（Nancy）。因為有他們的支持和指引，我才不至於迷失。

注釋

題詞

1. Carl Jung, *Collected Works of C. G. Jung, vol. 7: Two Essays in Analytical Psychology* (Princeton, NJ, Princeton University Press, 1972).
2. Arthur Schopenhauer, *The Wisdom of Life, Being the First Part of Arthur Schopenhauer's Aphorismen Zur Lebensweisheit* (London: S. Sonnenschein & Co., 1897).
3. Tim Ferriss, *Tools of Titans: The Tactics, Routines, and Habits of Billionaires, Icons, and World-Class Performers* (Boston: Houghton Mifflin Harcourt, 2017). 繁體中文版《人生勝利聖經》，三采出版。
4. Niall Ferguson, *Civilization: The West and the Rest* (New York: Penguins Books, 2012).

前言　生活小法則

1. Jeff Hayden, "20 Years Ago, Jeff Bezos Said This 1 Thing Separates People Who Achieve Lasting Success From Those Who Don't," *Inc.*, November 6, 2017, www.inc.com/jeff-haden/20-years-ago-jeff-bezos-said-this-1-thing-separates-people-who-achieve-lasting-success-from-those-who-dont.html.
2. Eric Jorgenson, *The Almanack of Naval Ravikant: A Guide to Wealth and Happiness* (N.p.: Magrathea, 2020),

82. 繁體中文版《納瓦爾寶典》，天下雜誌出版。

1 千鈞一髮

1. Tim Urban, @waitbutwhy, Twitter post, April 21, 2021, 1:13 p.m., twitter.com/waitbutwhy/status/1384963403475791872?s=20&t=4i2ekW6c1cwAp6S1qB6YUA.
2. *Charlie Rose*, season 14, episode 186, "David McCullough," May 30, 2005, PBS, charlierose.com/videos/18134.
3. Erik Larson, *Dead Wake: The Last Crossing of the Lusitania* (New York: Crown, 2015), 117, 326. 繁體中文版《死亡航線》，漫遊者文化出版。
4. Joseph T. McCann, *Terrorism on American Soil* (Boulder, CO: Sentient Publications, 2006), 69–70.
5. "This Day in History: February 15, 1933: FDR Escapes Assassination Attempt in Miami," History.com, November 16, 2009, updated February 11, 2021, history.com/this-day-in-history/fdr-escapes-assassination-in-miami.

2 風險就是你沒預料到的事

1. Douglas Brinkley, *American Moonshot* (New York: Harper, 2019), 237.
2. Jan Herman, "Stratolab: The Navy's High-Altitude Balloon Research," lecture, Naval Medical Research Institute, Bethesda, MD, 1995, archive.org/details/StratolabTheNavysHighAltitudeBalloonResearch.
3. Carl Richards, (@behaviorgap), Twitter post, March 10, 2020, 8:19 a.m., twitter.com/behaviorgap/status/1237352317592076288.
4. "Fisher Sees Stocks Permanently High," *New York Times*, October 16, 1929, www.nytimes.com/1929/10/16/archives/fisher-sees-stocks-permanently-high-yale-economist-tells-purchasing.html.

5. 出自作者二〇一二年和羅伯特・席勒的訪談內容。
6. Frederick Lewis Allen, *Since Yesterday* (New York: Harper & Brothers, 1940), reproduced from Thurman W. Arnold, *The Folklore of Capitalism* (New Haven, CT: Yale University Press, 1937).
7. Margaret MacMillan, *History's People: Personalities and the Past* (CBC Massey Lectures) (Toronto: House of Anansi Press, 2015).
8. "The Sonic Memorial—Remembering 9/11 with Host Paul Auster," n.d., in *The Kitchen Sisters* (podcast), kitchensisters.org/present/sonic-memorial/.
9. Nassim Nicholas Taleb, *Antifragile: Things That Gain from Disorder* (New York: Random House, 2014). 繁體中文版《反脆弱》，大塊文化出版。

3 期望與現實

1. "Where Do We Go from Here?," *Life*, January 5, 1953, 86, books.google.com/books?id=QUIEAAAAMBAJ&q=astonishingly#v=snippet&q=astonishingly&f=false.
2. "What Have We Got Here," *Life*, January 5, 1953, 47, https://books.google.com/books?id=QUIEAAAAMBAJ&q=astonishingly#v=onepage&q=straight%20years&f=false.
3. "The Crisis of the Middle Class and American Power," RANE Worldview, December 31, 2013, worldview.stratfor.com/article/crisis-middle-class-and-american-power.
4. Russell Sage Foundation, Chartbook of Social Inequality, "Real Mean and Median Income, Families and Individuals, 1947–2012, and Households, 1967–2012," n.d., www.russellsage.org/sites/all/files/chartbook/Income%20and%20Earnings.pdf.
5. Jessica Semega and Melissa Kollar, "Income in the United States: 2021," U.S. Census Bureau, Report Number

P60-276, September 13, 2022, www.census.gov/library/publications/2022/demo/p60-276.html.

6. Lawrence H. Officer and Samuel H. Williamson, "Annual Wages in the United States, 1774—Present," MeasuringWorth, 2023, measuringworth.com/datasets/uswage/result.php.

7. PK, "Historical Homeownership Rate in the United States, 1890–Present," DQYDJ, n.d., dqydj.com/historical-homeownership-rate-united-states.

8. Maria Cecilia P. Moura, Steven J. Smith, and David B. Belzer, "120 Years of U.S. Residential Housing Stock and Floor Space," table 1, *PLoS One* 10, no. 8 (August 11, 2015): e0134135, ncbi.nlm.nih.gov/pmc/articles/PMC4532357/table/pone.0134135.t001.

9. U.S. Bureau of Labor Statistics, "100 Years of U.S. Consumer Spending," Report 991, May 2006, www.bls.gov/opub/100-years-of-u-s-consumer-spending.pdf, and "Consumer Expenditures—2021," news release, September 8, 2022, bls.gov/news.release/cesan.nr0.htm.（編注：此網站內容已更新為 2022 年的資料，如需查詢 2021 年數據，請參考：www.bls.gov/opub/reports/consumer-expenditures/2021/home.htm。）

10. Marian L. Tupy, "Workplace Fatalities Fell 95% in the 20th Century. Who Deserves the Credit?," FEE Stories, September 16, 2018, fee.org/articles/workplace-fatalities-fell-95-in-the-20th-century-who-deserves-the-credit.

11. Barry Avrich, *Prosecuting Evil* (Los Angeles: Vertical Entertainment, 2018).

12. Gary Rivlin, "In Silicon Valley, Millionaires Who Don't Feel Rich," *New York Times*, August 5, 2007, https://www.nytimes.com/2007/08/05/technology/05rich.html.

13. Will Smith, *Will* (New York: Penguin Press, 2021), 105. 繁體中文版《WILL：威爾史密斯回憶錄》，啟明出版。

14. Steve Tignor, "Naomi Osaka Isn't Enjoying Herself Even When She Wins—So You Can Understand Her Need for a Break from the Game," *Tennis*, September 4, 2021, tennis.com/news/articles/naomi-osaka-isn-t-enjoying-

herself-even-when-she-wins-so-you-can-understand-her-.

15. David McCullough, *Truman* (New York: Touchstone, 1992). 繁體中文版《杜魯門》，麥田出版（已絕版）。
16. Buffett Online, "2022 Daily Journal Annual Meeting," February 16, 2022, YouTube video, youtube.com/watch?v=22faKkazye4&ab_channel=BuffettOnline.

4 瘋狂的心智

1. Cathal Dennehy, "Eliud Kipchoge: Inside the Camp, and the Mind, of the Greatest Marathon Runner of All Time," *Irish Examiner*, October 29, 2021, irishexaminer.com/sport/othersport/arid-40732662.html.
2. Robert Coram, *Boyd: The Fighter Pilot Who Changed the Art of War* (New York: Back Bay Books, 2004), 58, 68, 130, 172, 450.
3. Ronald Spector, "40-Second Man," review of *Boyd: The Fighter Pilot Who Changed the Art of War, New York Times*, March 9, 2003, nytimes.com/2003/03/09/books/40-second-man.html.
4. "This brilliant young officer": Coram, *Boyd*, 184.
5. John Maynard Keynes, "Newton, the Man," undelivered lecture, in Elizabeth Johns, ed., *The Collected Writings of John Maynard Keynes* (Cambridge and London: Cambridge University Press and Royal Economic Society, 1978), available at mathshistory.st-andrews.ac.uk/Extras/Keynes_Newton.
6. Franklin J. Schaffner *Patton* (Los Angeles: 20th Century Fox, 1970).
7. Loren Grush, "Elon Musk Elaborates on His Proposal to Nuke Mars," Verge, October 2, 2015, theverge.com/2015/10/2/9441029/elon-musk-mars-nuclear-bomb-colbert-interview-explained.
8. Andrew Griffin, "Elon Musk: The Chance We Are Not Living in a Computer Simulation Is 'One in Billions,'" *Independent*, June 2, 2016, independent.co.uk/tech/elon-musk-ai-artificial-intelligence-computer-simulation-

gaming-virtual-reality-a7060941.html.

9. Eric Jorgenson, *The Almanack of Naval Ravikant: A Guide to Wealth and Happiness* (N.p.: Magrathea, 2020), 144.

5 瘋狂的數字

1. *Comedians in Cars Getting Coffee*, season 5, episodes 7–8, “The Unsinkable Legend—Part 1 & Part 2,” December 18, 2014, Crackle.
2. Kathryn Bigelow, *Zero Dark Thirty* (Culver City, CA: Sony Pictures, 2012).
3. John A. Gans Jr., “‘This Is 50- 50’: Behind Obama’s Decision to Kill Bin Laden,” *Atlantic*, October 10, 2012, theatlantic.com/international/archive/2012/10/this-is-50-50-behind-obamas-decision-to-kill-bin-laden/263449.
4. Tim Adams, “This Much I Know: Daniel Kahneman,” Guardian, July 7, 2012, theguardian.com/science/2012/jul/08/this-much-i-know-daniel-kahneman.
5. Robert D. McFadden, “Odds-Defying Jersey Woman Hits Lottery Jackpot 2d Time,” *New York Times*, February 14, 1986, nytimes.com/1986/02/14/nyregion/odds-defying-jersey-woman-hits-lottery-jackpot-2d-time.html.
6. Gina Kolata, “1-in-a-Trillion Coincidence, You Say? Not Really, Experts Find,” *New York Times*, February 27, 1990, nytimes.com/1990/02/27/science/1-in-a-trillion-coincidence-you-say-not-really-experts-find.html.
7. Freeman Dyson, “One in a Million,” *New York Review of Books*, March 25, 2004, nybooks.com/articles/2004/03/25/one-in-a-million.
8. Frederick Lewis Allen, *The Big Change: American Transforms Itself 1900–1950* (1952; rept., New York: Routledge, 2017), 8, 23.
9. Megan Garber, “The Threat to American Democracy That Has Nothing to Do with Trump,” *Atlantic*, July 11,

2020, theatlantic.com/culture/archive/2020/07/ghosting-news-margaret-sullivans-alarm-bell/614011.

10. Steven Pinker, "The Media Exaggerates Negative News. This Distortion Has Consequences," *Guardian*, February 17, 2018, theguardian.com/commentisfree/2018/feb/17/steven-pinker-media-negative-news.

11. Allen, *The Big Change*, 8.

12. Peter T. Kaufman, ed., *Poor Charlie's Almanack: The Wit and Wisdom of Charles T. Munger* (Marceline, MO: Walsworth Publishing Co., 2005), 205. 繁體中文版《窮查理的普通常識》，商業周刊出版。

13. Eric Schurenberg, "Why the Experts Missed the Crash," CNN Money, February 18, 2009, money.cnn.com/2009/02/17/pf/experts_Tetlock.moneymag/index.htm.

14. National Bureau of Economic Research, "Business Cycle Dating," n.d., nber.org/research/business-cycle-dating.

6 贏在好故事

1. *Wall Street Journal*, "How Martin Luther King Went Off Script in 'I Have a Dream,'" August 24, 2013, YouTube video, youtube.com/watch?v=KxlOlynG6FY.

2. Martin Luther King Jr., "I Have a Dream," speech given at March on Washington for Jobs and Freedom, Washington, D.C., August 28, 1963, transcript at americanrhetoric.com/speeches/mlkihaveadream.htm.

3. "This Day in History: August 28, 1963: Mahalia Jackson Prompts Martin Luther King Jr. to Improvise 'I Have a Dream' Speech," History.com, n.d., history.com/this-day-in-history/mahalia-jackson-the-queen-of-gospel-puts-her-stamp-on-the-march-on-washington.

4. King, "I Have a Dream," youtube.com/watch?v= smEqnnklfYs.（編注：此影片連結已失效，讀者可至YouTube 搜尋相關影片參考。）

5. Ken Burns, *Mark Twain* (Walpole, NH, and Arlington, VA: Florentine Films in association with WETA, 2001).

6. C. R. Hallpike, "Review of Yuval Harari's Sapiens: A Brief History of Humankind," AIPavilion, 2017, aipavilion.github.io/docs/hallpike-review.pdf.
7. Ian Parker, "Yuval Noah Harari's History of Everyone, Ever," *New Yorker*, February 10, 2020, newyorker.com/magazine/2020/02/17/yuval-noah-harari-gives-the-really-big-picture.
8. Ken Burns, *The Civil War* (Walpole, NH, and Arlington, VA: Florentine Films in association with WETA, 1990).
9. "Ken Burns," *SmartLess* (podcast), September 20, 2021, podcasts.apple.com/us/podcast/ken-burns/id1521578868?i=1000535978926.
10. Mfame Team, "The Tragedy of SS Kiangya," Mfame, January 21, 2016, mfame.guru/tragedy-ss-kiangya.
11. Editorial Team, "Sinking of Doña Paz: The World's Deadliest Shipping Accident," Safety4Sea, March 8, 2022, safety4sea.com/cm-sinking-of-dona-paz-the-worlds-deadliest-shipping-accident.
12. "'Africa's Titanic' 20 Years Later: Sinking of Le Joola Has Lessons for Ferry Safety," SaltWire, October 3, 2022, saltwire.com/halifax/news/local/africas-titanic-20-years-later-sinking-of-le-joola-has-lessons-for-ferry-safety-100778847.
13. Ken Burns, *Mark Twain*.
14. "Richard Feynman Fire," Nebulajr, April 15, 2009, YouTube video, youtube.com/watch?v=N1pIYI5JQLE&ab_channel=nebulajr.
15. Walter Isaacson, *Einstein: His Life and Universe* (New York: Simon & Schuster, 2007). 繁體中文版《愛因斯坦—他的人生他的宇宙》，時報出版。
16. Anthony Breznican, "Steven Spielberg: The EW interview," Entertainment Weekly, December 2, 2011, ew.com/article/2011/12/02/steven-spielberg-ew-interview.
17. Dee Hock, *Autobiography of a Restless Mind: Reflections on the Human Condition*, vol. 2 (Bloomington, IN:

iUniverse, 2013).

7 無法運算的事物

1. Will Durant, *Fallen Leaves: Last Words on Life, Love, War, and God* (New York: Simon & Schuster, 2014). 繁體中文版《落葉：威爾・杜蘭的最後箴言》，商周出版。
2. Ken Burns and Lynn Novick, *The Vietnam War* (Walpole, NH: Florentine Films et al., 2017).
3. Burns and Novick, *The Vietnam War*.
4. Ron Baker, "The McKinsey Maxim: 'What You Can Measure You Can Manage.' HOKUM!," Firm of the Future, February 18, 2020, firmofthefuture.com/content/the-mckinsey-maxim-what-you-can-measure-you-can-manage-hokum.（編注：此網站連結已失效，有興趣閱讀文章的讀者可參考：www.verasage.com/verasage-institute/blog/the_mckinsey_maxim_what_you_can_measure_you_can_manage_hokum。）
5. Julie Bort, "Amazon Founder Jeff Bezos Explains Why He Sends Single Character '?' Emails," *Inc.*, April 23, 2018, inc.com/business-insider/amazon-founder-ceo-jeff-bezos-customer-emails-forward-managers-fix-issues.html.
6. Niall Ferguson, *The War of the World: Twentieth-Century Conflict and the Descent of the West* (New York: Penguin Press, 2006), 537. 繁體中文版《世界大戰》，廣場出版（已絕版）。
7. The Nobel Prize, "Archibald V. Hill: Biographical," 1922, nobelprize.org/prizes/medicine/1922/hill/biographical.
8. Hill's early work: Timothy David Noakes, "Fatigue Is a Brain-Derived Emotion That Regulates the Exercise Behavior to Ensure the Protection of Whole Body Homeostasis," *Frontiers in Physiology* 3, no. 82 (2012): 1, ncbi.nlm.nih.gov/pmc/articles/PMC3323922.
9. Eric R. Kandel, *In Search of Memory: The Emergence of a New Science of Mind* (New York: W. W. Norton,

2007).

10. Alex Hutchinson, *Endure: Mind, Body, and the Curiously Elastic Limits of Human Performance* (Boston: Mariner Books, 2018), 22–27 and 45–76. 繁體中文版《極耐力》，木馬文化出版。
11. "(1) Muscular Movement in Man: The Factors Governing Speed and Recovery from Fatigue (2) Living Machinery: Six Lectures Delivered before a 'Juvenile Auditory' at the Royal Institution, Christmas 1926 (3) Basal Metabolism in Health and Disease," *Nature* 121 (1928): 314–16, nature.com/articles/121314a0.

8 平靜會播下瘋狂的種子

1. Hyman P. Minsky, "The Financial Instability Hypothesis," Working Paper No. 74, Levy Economics Institute of Bard College, May 1992, levyinstitute.org/pubs/wp74.pdf.
2. Kelly Hayes, @MsKellyMHayes, Twitter post, July 11, 2020, 4:22 p.m., twitter.com/MsKellyMHayes/status/1282093046943952902.
3. Dan Carlin, *The End Is Always Near* (New York: Harper, 2019), 194.
4. Victoria Hansen et al., "Infectious Disease Mortality Trends in the United States, 1980–2014," *Journal of the American Medical Association* 316, no. 20 (November 22/29, 2016): 2149–51. https://jamanetwork.com/journals/jama/article-abstract/2585966.
5. Clark Whelton, "Say Your Prayers and Take Your Chances," *City Journal*, March 13, 2020, city-journal.org/1957-asian-flu-pandemic.
6. Ed Yong, "How the Pandemic Defeated America," *Atlantic*, September 2020, theatlantic.com/magazine/archive/2020/09/coronavirus-american-failure/614191.
7. Admin, "Incredible 2017 Tahoe Snow Totals," *Tahoe Ski World*, December 28, 2018, tahoeskiworld.com/

incredible-2017-tahoe-snow-totals.

8. Associated Press, "Out in the California Desert, Tourists Make a Beeline for 'Flowergeddon,'" *Washington Post*, March 31, 2017, washingtonpost.com/lifestyle/kidspost/out-of-the-california-desert-tourists-make-a-beeline-for-flowergeddon/2017/03/31/64313c3c-1620-11e7-833c-503e1f6394c9_story.html.
9. S.-Y. Simon Wang, "How Might El Niño Affect Wildfires in California?," *ENSO* (blog), August 27, 2014, climate.gov/news-features/blogs/enso/how-might-el-ni%C3%B1o-affect-wildfires-california.
10. "Chamath Palihapitiya: The #1 Secret to Becoming Rich," Investor Center, February 5, 2021, YouTube video, youtube.com/watch?v=XnleEVXdQsE&ab_channel=InvestorCenter.

9 太多、太急、太快

1. J. B. S. Haldane, "On Being the Right Size," in *Possible Worlds and Other Essays* (London: Chatto & Windus, 1927), 18, available at searchworks.stanford.edu/view/8708294.
2. Robert J. Shiller, "Online Data Robert Shiller," http://www.econ.yale.edu/~shiller/data.htm.
3. Howard Schultz, memo to Jim Donald, February 14, 2007, starbucksgossip.typepad.com/_/2007/02/starbucks_chair_2.html.
4. Harvey S. Firestone, *Men and Rubber: The Story of Business* (New York: Doubleday, Page & Co., 1926), available at https://blas.com/wp-content/uploads/2019/07/Men-and-Rubber.pdf.
5. Peter Wohlleben, *The Secret Wisdom of Nature* (Vancouver: Greystone Books, 2019).
6. Who-Seung Lee, Pat Monaghan, and Neil B. Metcalfe, "Experimental Demonstration of the Growth Rate–Lifespan Trade-off," *Proceedings of the Royal Society B* 280 (2013): 20122370, royalsocietypublishing.org/doi/pdf/10.1098/rspb.2012.2370.

10 當魔法出現時

1. Ric Burns, *New York: A Documentary Film* (New York: Steeplechase Films and New York: New-York Historical Society et al., 1999–2003).
2. William Shepherd, "Eyewitness at the Triangle," in *Out of the Sweatshop: The Struggle for Industrial Democracy*, ed. Leon Stein (New York: Quadrangle/New Times Book Company, 1977), 188–93, available at trianglefire.ilr.cornell.edu/primary/testimonials/ootss_WilliamShepherd.html.
3. Frederick Lewis Allen, *The Big Change: American Transforms Itself 1900–1950* (1952; rept., New York: Routledge, 2017).
4. Brad Stone, "How Shopify Outfoxed Amazon to Become the Everywhere Store," *Bloomberg*, December 22, 2021, bloomberg.com/news/features/2021-12-23/shopify-amazon-retail-rivalry-heats-up-with-covid-sparked-online-shopping-booma.
5. Alexander J. Field, *A Great Leap Forward: 1930s Depression and U.S. Economic Growth* (New Haven, CT: Yale University Press, 2012), 7.
6. Federal Highway Administration, "Contributions and Crossroads: Timeline," n.d., www.fhwa.dot.gov/candc/timeline.cfm.
7. Franklin D. Roosevelt, "Campaign Address in Portland, Oregon on Public Utilities and Development of Hydro-Electric Power," September 21, 1932, available at presidency.ucsb.edu/documents/campaign-address-portland-oregon-public-utilities-and-development-hydro-electric-power.
8. Robert Gordon, *The Rise and Fall of American Growth* (Princeton, NJ: Princeton University Press, 2016), 564.
9. JM, "The Purpose of Life: Nixon," July 9, 2011, YouTube video, youtube.com/watch?v=Pc3IfB23W4c&ab_channel=JM.

10. Andrew Wilkinson, @awilkinson, Twitter post, April 26, 2021, 8:07 a.m., twitter.com/awilkinson/status/1386698431905730565?s=20.
11. Patrick O'Shaughnessy, @patrick_oshag, Twitter post, July 17, 2021, 6:31 a.m., twitter.com/patrick_oshag/status/1416390114998198273?s=20&t=n2Yw1L1b657o_69Iyprf7g.

11 一夕的悲劇與長遠的奇蹟

1. Cody White, "'Heart Attack Strikes Ike,' President Eisenhower's 1955 Medical Emergency in Colorado," National Archives, September 22, 2016, text-message.blogs.archives.gov/2016/09/22/heart-attack-strikes-ike-president-eisenhowers-1955-medical-emergency-in-colorado.
2. Nassim Nicholas Taleb, *Antifragile: Things That Gain from Disorder* (New York: Random House, 2014).

12 微小而重要

1. Marc Santore, "Study Finds Snacking Is a Major Cause of Child Obesity," Yale School of Medicine, April 2, 2010, medicine.yale.edu/news-article/study-finds-snacking-is-a-major-cause-of-child-obesity.
2. Dan Carlin, *The End Is Always Near* (New York: Harper, 2019), 148.
3. Matthew Seelinger, "The M28/M29 Davy Crockett Nuclear Weapon System," Army Historical Foundation, armyhistory.org/the-m28m29-davy-crockett-nuclear-weapon-system.
4. Serhii Plokhy, *Nuclear Folly: A History of the Cuban Missile Crisis* (New York: W. W. Norton, 2021). 繁體中文版《為什麼世界沒有在１９６２年毀滅?:重回古巴飛彈危機現場》，貓頭鷹出版。
5. Niall Ferguson, *Doom: The Politics of Catastrophe* (London: Penguin Books, 2021), 258–62. 繁體中文版《末日》，廣場出版。

6. Jack D. Dunitz and Gerald F. Joyce, "A Biographical Memoir of Leslie E. Orgel, 1927–2007" (Washington, D.C.: National Academy of Sciences, 2013), nasonline.org/publications/biographical-memoirs/memoir-pdfs/orgel-leslie.pdf.
7. "Howard Marks—Embracing the Psychology of Investing," June 21, 2021, in *Invest Like the Best with Patrick O'Shaughnessy* (podcast), joincolossus.com/episodes/70790270/marks-embracing-the-psychology-of-investing?tab=transcript.

13 欣喜與絕望

1. Jim Collins, "The Stockdale Paradox," JimCollins.com, jimcollins.com/media_topics/TheStockdaleParadox.html.
2. James Truslow Adams, *The Epic of America* (1931; rept., New York: Routledge, 2017).
3. CNBC Make It, "Bill Gates Wasn't Worried about Burnout in 1984—Here's Why," February 25, 2019, YouTube video, youtube.com/watch?v=MhnSzwXvGfc&ab_channel= CNBCMakeIt.
4. Paul Allen, *Idea Man* (New York: Portfolio/ Penguin, 2011), 32. 繁體中文版《我與微軟，以及我的夢想》，大塊文化出版（已絕版）。
5. Leah Fessler, "Bill Gates' Biggest Worry as a 31-Year-Old Billionaire Wasn't Apple or IBM," Yahoo! News, February 28, 2018, yahoo.com/news/bill-gates-biggest-worry-31-170014556.html.

14 完美之下，必有損傷

1. Georgy S. Levit, Uwe Hossfeld, and Lennart Olsson, "From the 'Modern Synthesis' to Cybernetics: Ivan Ivanovich Schmalhausen (1884–1963) and His Research Program for a Synthesis of Evolutionary and

Developmental Biology," *Journal of Experimental Zoology Part B: Molecular and Developmental Evolution* 306, no. 2 (March 15, 2006): 89–106, pubmed.ncbi.nlm.nih.gov/16419076.

2. Richard Lewontin and Richard Levins, "Schmalhausen's Law," Capitalism Nature Socialism 11, no. 4 (2000): 103–8, tandfonline.com/doi/abs/10.1080/10455750009358943?journalCode=rcns20.
3. David Leonhardt, "You're Too Busy. You Need a 'Shultz Hour,'" New York Times, April 18, 2017, nytimes.com/2017/04/18/opinion/youre-too-busy-you-need-a-shultz-hour.html.
4. May Wong, "Stanford Study Finds Walking Improves Creativity," Stanford News, April 24, 2014, news.stanford.edu/2014/04/24/walking-vs-sitting-042414.
5. Charlie Munger, "2007 USC Law School Commencement Address," University of Southern California Law School, Los Angeles, CA, May 13, 2007, jamesclear.com/great-speeches/2007-usc-law-school-commencement-address-by-charlie-munger.
6. Nassim Nicholas Taleb, *The Bed of Procrustes* (New York: Random House, 2010), 37. 繁體中文版《黑天鵝語錄》，大塊文化出版。

15 本來就很困難

1. Ric Burns, *The Donner Party* (New York: Steeplechase Films, 1992).
2. David Lean, *Lawrence of Arabia* (Culver City, CA: Columbia Pictures, 1962).
3. Shane Parrish, "Simple Acts," Brain Food (blog), October 23, 2022, https://fs.blog/brain-food/october-23-2022.
4. *Comedians in Cars Getting Coffee*, season 2, episode 2, "I Like Kettlecorn," June 20, 2013, Crackle.
5. Daniel McGinn, "Life's Work: An Interview with Jerry Seinfeld," *Harvard Business Review*, January-February 2007, hbr.org/2017/01/lifes-work-jerry-seinfeld.

6. "This Is Killing Your Success: Jeff Bezos," The Outcome, February 14, 2021, YouTube video, youtube.com/watch?v=sbhY0EyOcqg&ab_channel=TheOutcome.（編注：此影片已下架，請自行搜尋相關內容參考。）
7. "Steven Pressfield—How to Overcome Self-Sabotage and Resistance, Routines for Little Successes, and the Hero's Journey vs. the Artist's Journey," February 26, 2021, *The Tim Ferriss Show* (podcast), episode 501, podcasts.apple.com/us/podcast/501-steven-pressfield-how-to-overcome-self-sabotage/id863897795?i=1000510784746.
8. Doris Kearns Goodwin, *No Ordinary Time* (New York: Simon & Schuster, 2008), 218.

16 不斷奔跑

1. Henry Fairfield Osborn, "A Biographical Memoir of Edward Drinker Cope, 1840– 1897" (Washington, D.C.: National Academy of Sciences, 1930).
2. Santa Fe Institute, "Bigger Is Better, Until You Go Extinct," news release, July 21, 2008, santafe.edu/news-center/news/bigger-is-better-until-you-go-extinct.
3. April Holladay, "Ant's Slow Fall Key to Survival," *Globe and Mail* (Toronto), January 12, 2009, theglobeandmail.com/technology/ants-slow-fall-key-to-survival/article4275684.
4. Morgan Housel, "Crickets: The Epitome of Investing Success," Medium, March 10, 2016, medium.com/@TMFHousel/crickets-the-epitome-of-investing-success-9f3bccd2628.
5. Isadore Barmash, "A Sears 'Store of the Future,'" Market Place, *New York Times*, July 27, 1983, nytimes.com/1983/07/27/business/market-place-a-sears-store-of-the-future.html.
6. Peter T. Kilborn, "Regan Bids Wall Street Seek Sears's Efficiency," *New York Times*, June 11, 1974, nytimes.com/1974/06/11/archives/regan-bids-wall-street-seek-searss-efficiency2-unmitigated.html.

7. Morgan Housel, "Risk Is How Much Time You Need," Collab Fund, March 30, 2017, collabfund.com/blog/risk.
8. Leigh Van Valen, "A New Evolutionary Law," *Evolutionary Theory* 1 (July 1973): 1–30, mn.uio.no/cees/english/services/van-valen/evolutionary-theory/volume-1/vol-1-no-1-pages-1-30-l-van-valen-a-new-evolutionary-law.pdf.

17 未來的奇蹟

1. "America's Thinking Men Forecast the Wonders of the Future," *Washington Post*, January 12, 1908.
2. *American Experience*, season 27, episode 3, "Edison," January 27, 2015, PBS.
3. Anya Plutynski, "What Was Fisher's Fundamental Theorem of Natural Selection and What Was It For?," *Studies in History and Philosophy of Science Part C: Studies in History and Philosophy of Biological and Biomedical Sciences* 37 (2006): 59–82, philsci-archive.pitt.edu/15310/1/FundamentalTheorem.pdf.
4. "January 12—Births—Scientists Born on January 12th," Today in Science History, todayinsci.com/1/1_12.htm.

18 比看起來更困難，又不像看起來那麼有趣

1. James Baldwin, "The Doom and Glory of Knowing Who You Are," *Life*, May 24, 1963.
2. David Gelles et al., "Elon Musk Details 'Excruciating' Personal Toll of Tesla Turmoil," *New York Times*, August 16, 2018, nytimes.com/2018/08/16/business/elon-musk-interview-tesla.html.

19 誘因：全世界最強大的力量

1. Emmett Malloy, *Biggie: I Got a Story to Tell* (Los Gatos, CA: Netflix, 2021).
2. Yevgeny Yevtushenko, "Career," Goodreads, goodreads.com/quotes/1265237-career-galileo-the-clergy-

maintained-was-a-pernicious-and-stubborn.

3. *Drug Lords*, season 2, episode 1, "El Chapo," July 10, 2018, Netflix.
4. "Cult's Telescope Couldn't Find UFO," *Chicago Tribune*, April 1, 1997, chicagotribune.com/news/ct-xpm-1997-04-02-9704020119-story.html.
5. Jill Lepore, *These Truths* (New York: W. W. Norton, 2018), 412–13.
6. Heather Lyu et al., "Overtreatment in the United States," *PLoS One* 12, no. 9 (2017): e0181970, ncbi.nlm.nih.gov/pmc/articles/PMC5587107.
7. *The Daily Show*, season 14, episode 36, "Jim Cramer," March 12, 2009, Comedy Central.

20 現在才明白

1. John Edgar Hoover, Memoramdum for Mr. Tamm, November 22, 1934, vault.fbi.gov/smedley-butler/Smedley%20Butler%20Part%2001%20of%2002.
2. "Gen. Butler Bares 'Fascist Plot' to Seize Government by Force," *New York Times*, November 21, 1934, nytimes.com/1934/11/21/archives/gen-butler-bares-fascist-plot-to-seize-government-by-force-says.html.
3. *Comedians in Cars Getting Coffee*, season 6, episode 5, "That's the Whole Point of Apartheid, Jerry," July 1, 2015, Crackle.
4. Eric A. Johnson and Karl-Heinz Reuband, *What We Knew: Terror, Mass Murder, and Everyday Life in Nazi Germany* (New York: Basic Books, 2006), 156.
5. Varlam Shalamov, "Forty-Five Things I Learned in the Gulag," *Paris Review*, June 12, 2018, theparisreview.org/blog/2018/06/12/forty-five-things-i-learned-in-the-gulag.
6. Stephen Ambrose, *Citizen Soldiers* (New York: Simon & Schuster, 1998).

7. Pew Research Center, "Public Trust in Government: 1958–2022," June 6, 2022, pewresearch.org/politics/2022/06/06/public-trust-in-government-1958-2022.
8. *Tamborine*, directed by Bo Burnham (Los Gatos, CA: Netflix, 2018).
9. Andrew Chaikin, *A Man on the Moon* (New York: Viking, 1994).

22 過度努力

1. Barak Goodman, *Cancer: The Emperor of All Maladies* (Brooklyn, NY: Ark Media, 2015).
2. Goodman, *Cancer: The Emperor of All Maladies*.
3. Edsger W. Dijkstra, "The Threats to Computing Science," lecture, ACM 1984 South Central Regional Conference, Austin, TX, November 16–18, 1984, cs.utexas.edu/users/EWD/transcriptions/EWD08xx/EWD898.html.
4. Samuel Wendell Williston, *Water Reptiles of the Past and Present* (Chicago: University of Chicago Press, 1914), archive.org/details/waterreptilesofp00will/page/172/mode/2up.
5. W. K. Gregory, "Polyisomerism and Anisomerism in Cranial and Dental Evolution among Vertebrates," *Proceedings of the National Academy of Sciences of the United States of America* 20, no. 1 (January 1934): 1–9, semanticscholar.org/paper/Polyisomerism-and-Anisomerism-in-Cranial-and-Dental-Gregory/d683d13e9fbc5ea44b533cb73678c6c2f7941dea?p2dfJordan.
6. John T. Reed, *Succeeding* (self published: John T. Reed Publishing, 2008).
7. Stephen King, *On Writing: A Memoir of the Craft* (Scribner: New York, 2000). 繁體中文版《史蒂芬・金談寫作》，商周出版。
8. Jordan Ellenberg, "The Summer's Most Unread Book Is…," *Wall Street Journal*, July 3, 2014, wsj.com/articles/

the-summers-most-unread-book-is-1404417569.

9. Thomas McCrae, "The Method of Zadig in the Practice of Medicine," Address in Medicine delivered at the annual meeting of the Canadian Medical Association, St. John, NB, July 7, 1914, ncbi.nlm.nih.gov/pmc/articles/PMC406677/pdf/canmedaj00242-0027.pdf.

23 傷口會癒合，但疤痕一直都在

1. Geoffrey Roberts, *Stalin's Wars: From World War to Cold War*, 1939–1953 (New Haven, CT: Yale University Press, 2006), 4–5.
2. Tokuaki Shobayashi, "History of Nutrition Policy in Japan," *Nutrition Reviews* 78, supp. 3 (December 2020): 10–13, academic.oup.com/nutritionreviews/article/78/Supplement_3/10/6012429.
3. Rand Corporation, "Lasting Consequences of World War II Means More Illness, Lower Education and Fewer Chances to Marry for Survivors," press release, January 21, 2014, rand.org/news/press/2014/01/21/index1.html#:~:text=The%20study%20found%20that% 20living,more%20likely%20to%20have%20depression.
4. Frederick Lewis Allen, *The Big Change: American Transforms Itself 1900–1950* (1952; rept., New York: Routledge, 2017), 148.
5. Ivan P. Pavlov, "Conditioned Reflexes: An Investigation of the Physiological Activity of the Cerebral Cortex," Lecture XVIII, 1927, trans. G. V. Anrep, Classics in the History of Psychology, March 2001, psychclassics.yorku.ca/Pavlov/lecture18.htm.
6. Pavlov, "Conditioned Reflexes: An Investigation of the Physiological Activity of the Cerebral Cortex," Lecture XXIII, trans. G. V. Anrep, Classics in the History of Psychology, July 2001, psychclassics.yorku.ca/Pavlov/lecture23.htm#:~:text=Different%20conditions%20productive% 20of%20extreme,in%20nervous%20and%20

psychic%20activity.

7. Hamilton Fish Armstrong, "Europe Revisited," *Foreign Affairs*, July 1947, foreignaffairs.com/articles/europe/1947-07-01/europe-revisited.
8. Tony Judt, *Postwar: A History of Europe Since 1945* (New York: Penguin Press, 2005). 繁體中文版《戰後歐洲六十年 1945—2005》，左岸文化出版（已絕版）。
9. Ta-Nehisi Coates, "'War and Welfare Went Hand in Hand,'" *Atlantic*, November 4, 2013, theatlantic.com/international/archive/2013/11/war-and-welfare-went-hand-in-hand/281107.

自我提問清單

1. Doris Kearns Goodwin, *No Ordinary Time* (New York: Simon & Schuster, 2008).

財經企管 BCB829

一如既往

不變的人性法則與致富心態

Same as Ever: A Guide to What Never Changes

作者 —— 摩根・豪瑟 Morgan Housel
譯者 —— 周宜芳

副社長兼總編輯 —— 吳佩穎
財經館副總監 —— 蘇鵬元
責任編輯 —— 王映茹、黃雅蘭
封面設計 —— Bianco Tsai

出版者 —— 遠見天下文化出版股份有限公司
創辦人 —— 高希均、王力行
遠見・天下文化　事業群榮譽董事長 —— 高希均
遠見・天下文化　事業群董事長 —— 王力行
天下文化社長 —— 王力行
天下文化總經理 —— 鄧瑋羚
國際事務開發部兼版權中心總監 —— 潘欣
法律顧問 —— 理律法律事務所陳長文律師
著作權顧問 —— 魏啟翔律師
社址 —— 臺北市 104 松江路 93 巷 1 號
讀者服務專線 —— 02-2662-0012 ｜傳真 —— 02-2662-0007；02-2662-0009
電子郵件信箱 —— cwpc@cwgv.com.tw
直接郵撥帳號 —— 1326703-6 號　遠見天下文化出版股份有限公司

國家圖書館出版品預行編目（CIP）資料

一如既往：不變的人性法則與致富心態／摩根 ・ 豪瑟（Morgan Housel）著；周宜芳譯 .-- 第一版 .-- 臺北市：遠見天下文化出版股份有限公司，2024.01
320 面；14.8×21 公分 .--（財經企管；BCB829）
譯自：Same As Ever: A Guide to What Never Changes

ISBN　978-626-355-637-9（平裝）

1. CST：金錢心理學　2. CST：理財

561.014　　113000386

電腦排版 —— 薛美惠
製版廠 —— 中原造像股份有限公司
印刷廠 —— 中原造像股份有限公司
裝訂廠 —— 中原造像股份有限公司
登記證 —— 局版台業字第 2517 號
總經銷 —— 大和書報圖書股份有限公司｜電話 —— 02-8990-2588
出版日期 —— 2024 年 1 月 31 日第一版第一次印行
2024 年 9 月 5 日第一版第八次印行

定 價 —— 450 元
ISBN —— 978-626-355-637-9 ｜ EISBN —— 9786263556423（EPUB）；9786263556430（PDF）
書 號 —— BCB829
天下文化官網 —— bookzone.cwgv.com.tw

天下文化
BELIEVE IN READING